Décrocheurs d'école

Conception graphique : F4/Nicolas Hubert
Connectez-vous sur : **www.lamartiniere.fr**

Gilbert Longhi
Nathalie Guibert

Décrocheurs d'école

Redonner l'envie d'apprendre aux adolescents qui craquent

Éditions de La Martinière

Sommaire

Avant-propos 11
Introduction 15

1. Candidats : quand les décrochés vifs frappent à la porte

« Monsieur le proviseur ne reçoit pas ». 43
« Laissons tomber ton dossier, parle-moi de ton envie de reprendre des études » 46
Ne pas confondre raccrochage scolaire et cure de remise en forme ! 50
Le rattrapage des parents 53
Quelques entretiens sur le vif 61

2. Nicolas, adorable mais pas du tout scolaire

Catalogué « à problèmes ». 83
« Je ne veux pas finir boucher » 85
Des parents sur la sellette 88
Quand l'école ne joue plus son rôle 91

Comment on raccroche ? 94
Avoir enfin sa place à l'école 98
Les décrocheurs ne sont ni des horreurs ni des terreurs 103

3. Arthur, entre Katmandou et les Gobelins
Autocritique ou mea-culpa 111
Tomber le masque 113
La résistance des potaches 118
Professeur Arthur 122

4. Béatrice, quand les meilleurs craquent
Telle une fée, Béatrice réussit tout ce qu'elle touche . 130
Et les autres ? 133
Le prix de l'excellence 134
Quand les parents surinvestissent les études 138
De Versailles au XIIIe arrondissement 141
Du narcissisme à l'altruisme 144

5. Basile, un petit dur si fragile
À maman gâteau, vilain marmot 153
Pas décrocheur, mais empêtré 157
Un bac pour quelques euros 160
La double peine 162

6. Mathias ou la vocation contrariée
Réajuster les rêves 169
« L'école, je pouvais faire sans » 174
L'échec nosocomial 181

Et tout ça à cause de l'école ! 188
La jachère scolaire n'est pas une perte de temps 194

7. Samia, quand Marianne fait son boulot

La République des hygiaphones 201
« Trace ton chemin, ma fille » 204
« On n'a pas le droit de parler français » 206
L'envie d'apprendre 209
Des parcours personnalisés 215

8. Florent le rebelle

« J'ai la rage contre l'autorité » 221
Fils de prof 226
Le décrochage scolaire : une honte pour toute la famille 231
La contrainte acceptée 236
Un lycée pas comme les autres 238

Conclusion 241
Carnet d'adresses 247

Avant-propos

Je vous dédie ces pages, Nicolas, Arthur, Béatrice, Basile, Mathias, Samia, Florent. Un jour, pas si lointain, vous êtes entrés dans mon bureau, chacun à votre manière, penauds, contrits, humiliés ou, au contraire, bourrus, bougons, voire coriaces.

Les plus stratèges m'en remontraient, les moins combatifs étaient dans leurs petits souliers. C'était parfois une première, vous n'aviez jamais vu un proviseur de près. Souvent vos parents vous accompagnaient pour me détailler votre cas désespéré : la vie, avant vos problèmes à l'école, était belle, puis tout avait basculé…

L'un se sentait nul, l'autre très malade, le suivant victime. Vous cachiez tous une immense blessure en racontant ce qu'un proviseur devait entendre, selon vous.

Vos propos étaient à la mesure de votre désespoir. Vous m'auriez juré de plonger le nez dans les bouquins jour et nuit si j'avais insisté. Vous vous attendiez à être vilipendé à cause de vos sales notes, puis tancé pour la somme phénoménale de vos absences. Mais non. Ce tordu de proviseur cherchait autre chose. Quoi ?

Après des années de galère, un lycée enfin vous prenait. Comment ne pas disjoncter ! Votre père opinait gravement du bonnet. Votre mère séchait une larme.

Je n'oublierai jamais votre regard quand les profs et moi-même avons dit oui. Pourtant, notre oui n'était que l'écho de votre envie : l'envie de venir en classe ; l'envie de vivre normalement, comme les autres jeunes.

L'école, vous l'aimiez, et personne ne savait à quel point. Votre famille en est restée sidérée. On vous a vu rouvrir des classeurs, discutailler des notions de philo, prendre des notes, bref vous motiver à nouveau.

Miracle ? Non ! Au pays de Jules Ferry, rien ne descend du ciel, même si ces fous de profs vous ont mis le nez dans les étoiles. Il ne s'agit que d'un supplément d'humanité. Pas même une méthode ni une pédagogie, rien qu'un autre regard sur vous.

Alors vous avez reconjugué le futur, remis de l'ordre dans vos idées, concilié votre scolarité et cette chienne de vie. Vous êtes sortis de la terreur de la copie blanche, des moyennes humiliantes et des appréciations assassines. Vous avez éradiqué votre maladie d'école. En définitive, vos profs n'ont fait qu'une toute petite chose, vous laisser être vous-mêmes.

Ce n'était pas facile : il vous a fallu alléger votre cartable de vos propres rêves, déjà enfouis sous la déception de vos parents. Ils vous aiment tant que leur besoin de vous rendre heureux surcharge parfois votre destinée.

Gilbert Longhi

Introduction

L'école installe parfois une angoisse monstrueuse dans l'esprit d'un jeune. Sans crier gare, un ado pourtant sociable, voire enjoué dans sa vie familiale, peut, sans motif apparent, faire une fixation maladive sur l'école. Sa famille devra prendre le temps de le désensibiliser patiemment, puis un jour viendra l'embellie, car le désir d'école reprend toujours le dessus.

Gaspard sonne au portail de mon lycée [1]. C'est un vrai bahut avec des secondes, premières et terminales, mais en plus, il y a quelques classes où l'on peut raccrocher. Pour la première fois depuis six mois, ce garçon, plutôt avenant, remet les pieds dans une école, ce qui explique que ses parents l'escortent.

Tout a commencé, me raconte-t-il, peu de temps après la rentrée de l'an passé. Il est devenu

1. Dans le XIIIe arrondissement de Paris, le lycée Jean-Lurçat accueille deux cent-trente décrocheurs rejetés pas les autres établissements de la capitale.

je-m'en-fichiste. Les notes se sont effondrées. Les critiques des profs ne le touchaient plus. Il se moquait de la pile de billets d'absence qui accablait pourtant ses parents. Les cours l'ennuyaient. Même les soi-disant camarades de classe lui sortaient par les yeux. Le matin, des nausées et des diarrhées le torturaient insidieusement. Et après la coupure du week-end, il fallait le gaver de médicaments, ajoutent ses parents, pour qu'il reprenne le chemin du collège.

Gaspard, calé dans sa chaise entre père et mère, n'en finit pas de raconter. J'écoute, sans questionner. C'est ma méthode. Il tourne le visage vers ses parents, pour chercher une approbation. Ils opinent. C'est bien cela, le ressort était cassé. Gaspard ne dormait plus et, si le sommeil le gagnait, des cauchemars le réveillaient. Le désespoir avait complètement noyé son âme. L'équipe et moi-même connaissons bien ce genre de scénario : les parents restent impuissants face au calvaire de leur enfant.

Un matin, le blocage a été terrible. Gaspard s'est prostré au bord du lit, le regard perdu, la mâchoire rigide. Maman était en congé, elle a donc pu le cocooner toute la journée et papa n'est pas parti au boulot. Il croyait que tout était de sa faute, à cause de sa folle vie de commercial avalé par la progression du « chiffre » : jamais disponible pour son gosse.

Ce jour-là, ils ont discuté tous les trois. Mais discuté à fond. Gaspard aimait ses parents, il n'avait rien à redire sur la vie de famille, mais il ne pouvait plus aller en classe. Personne ne le rackettait ; il n'était victime d'aucune bande, pas même de la cruauté d'un prof qui en aurait fait sa tête de Turc.

Maman a appelé le médecin. Le docteur Pouliot est infaillible sur le diagnostic. On ne la lui fait pas, il n'a pas son pareil pour démasquer toutes les allergies aux interros et autres maladies diplomatiques destinées à éviter la gym. Mais pour Gaspard, il n'a pas tourné sa consultation à la rigolade. Ses sourcils se sont froncés sévèrement et ses lèvres ont dessiné une moue d'inquiétude. C'était une phobie scolaire ! Ne pas banaliser, ne pas négliger. Il en connaît des carabinées qui vous pourrissent la vie d'un ado durant des années. Un confrère spécialisé a pris le relais. Les parents sont tombés des nues. Leur fils n'était donc pas un cas isolé.

Aujourd'hui, le nouveau Gaspard est requinqué. Cette jachère scolaire lui a permis de reconstituer des forces pour reprendre l'école. Il a passé huit mois sans aller en classe, tout en lisant beaucoup, en naviguant sur la Toile et en participant à un groupe de discussion pour dissoudre sa phobie dans des mots.

Gaspard franchit aujourd'hui une nouvelle étape. Il ne supporte plus de rester à la maison, il veut des profs en chair et en os, dans une classe, avec d'autres jeunes. Il s'agit d'étudier pour de vrai !

Selon une tactique éprouvée et pour faire réagir le gaillard, je fais semblant de douter de sa motivation. Il bondit. Quand on a galéré comme lui, on ne se trompe pas sur l'envie de reprendre. Maman torture son huitième Kleenex. Papa retient sa respiration. Puis la décision tombe. C'est possible !

Gaspard dévisage ses parents. Ses yeux se mouillent prudemment comme les yeux d'un ado de seize ans qui sait que les hommes ne doivent pas pleurer. Alors il retient sa joie d'enfant : une joie profonde, tranquille et phénoménale. Il a été choisi, accepté, voulu par une école ! Lui seul mesure le soulagement de retrouver une place en classe comme tous les jeunes de son âge. Il dépasse sa mère de deux têtes, mais il se serre contre elle, pas plus. Pour ne pas craquer, il lance une petite phrase de grande personne :

« Vous ne regretterez pas, monsieur. Je serai à la hauteur. Je commence quand ? »

Je le toise avec un trait d'ironie affectueuse dans le regard, puis je le fixe bien droit, et j'explique calmement qu'il faut passer par le même système que les deux cent-trente autres jeunes d'ici. Il faut d'abord qu'il rédige l'histoire de sa vie scolaire, puis que son projet décante et enfin qu'il rencontre des profs ; bref, tout un travail d'approche en finesse, comme pour un atterrissage délicat.

À l'âge de Gaspard, les atermoiements d'un adulte passent aisément pour des pièges ; il me lorgne comme si je lui voulais du mal. J'ai sûrement des arrière-pensées. C'est un affront devant ses parents qui croyaient que c'était du tout cuit.

Je devine la déception du fringant candidat, mais je tiens à lui faire désirer encore plus sa rentrée des classes. Saliver d'envie donne un meilleur appétit. Mais la cruauté n'est pas mon genre, alors je lui propose un marché : Gaspard pourrait faire un brin d'essai tout de suite ! Il en tombe à la renverse. Bien entendu qu'il est d'accord. Les parents se dirigent vers la sortie sans se retourner, comme s'ils avaient peur qu'il se ravise et s'en aille avec eux. Pensez donc, Gaspard se retrouve illico en anglais. Il veut qu'on le garde ici. Pour un peu, il en prendrait l'accent de Cambridge.

Sont-ils des décrocheurs ou des décrochés, ces élèves qui abandonnent un jour les études, parfois pour une ou deux années ? Un décrocheur est fautif, il largue l'école sciemment. Un décroché est plutôt une victime ; les enseignants le poussent vers la sortie parce qu'il leur pose des problèmes. En réalité, tout décrochage est le mélange inextricable des actes délibérés d'un ado pour incommoder ses profs et des initiatives des profs pour s'en débarrasser. Et c'est là qu'on mesure la duplicité de l'Éducation nationale. D'un côté, elle valide amplement les usages qui génèrent le décrochage, car il s'agit de faire expier les mauvais élèves qui méprisent l'instruction publique ; de l'autre, elle finance des classes pour les rescolariser, précisément au nom de la mansuétude dont la République doit faire preuve à l'égard de ses enfants les plus fragiles.

De surcroît, les décrocheurs sont au cœur de querelles infinies entre adultes. Une fraction des profs prétend que certains jeunes ne sont pas faits pour les études et que leur abandon ou leur exclusion n'est, en définitive, que le juste retour à un équilibre, une sorte de malthusianisme visant la scolarisation. Du coup, très régulièrement, le patronat saute dans la profondeur abyssale de ce genre d'analyse pour proposer la mise au travail, dans l'entreprise, des élèves qui perdent du temps en classe.

A contrario, d'autres profs, aussi experts que les premiers, soulignent que l'enseignement est lui-même responsable du largage d'un nombre croissant d'élèves pourtant intelligents et désireux d'étudier, mais pas dans les conditions qu'on leur impose. D'après eux l'école se mure dans un autisme qui déstabilise les jeunes ouverts sur le monde. Quant aux programmes, tel le latin d'église, ils n'ont aucun intérêt dans la vraie vie et ne servent qu'aux examens. Ce débat confraternel entre pédagogues est arbitré par divers grands esprits qui avancent des motifs extrascolaires comme la perte des repères, la décomposition familiale, l'urbanisme aberrant, l'économie parallèle ou la démission des parents. Aucun consensus ne sera jamais possible entre les divers spécialistes du décrochage scolaire puisque chaque chapelle en fait le point d'orgue de ses propres certitudes. Alors, pour les parents d'élèves concernés, il ne reste qu'un sauve-qui-peut pragmatique : recueillir toutes les informations possibles, prendre rendez-vous avec le maire, téléphoner à un copain dont le fils a fait pareil…

L'époque n'est pas à l'insouciance, elle produit plutôt l'inverse : angoisse, stress, panique ; d'autant que les problèmes scolaires d'un enfant sont parfois le catalyseur de la désunion larvée des parents. L'image croquignolette du potache calé contre le chauffage de fonte pour élever en paix un troupeau de cocottes en papier est totalement ringarde. L'humour de Georgius et Juel dans leur chanson sur le lycée Papillon [1] n'est plus de mise. On ne minore plus l'échec scolaire...

Le décrochage frappe des élèves de plus en plus jeunes et de moins en moins marqués par les difficultés de leur milieu. D'ailleurs, le problème est devenu crucial depuis que des catégories sociales à forte assise culturelle sont également touchées. Les classes moyennes ne peuvent pas expliquer l'échec de leurs enfants par leur propre carence culturelle. Du coup, les parents diplômés (parfois plus que les profs eux-mêmes) n'entendent pas porter le fardeau du décrochage dans la honte. Ils exigent que l'école publique et son personnel trouvent une solution efficace, très au-delà du pis-aller de l'orientation forcée dans l'enseignement professionnel.

Que peut faire, que doit faire, que veut faire l'école de tous ses élèves absentéistes, largués, contre-performants, défaillants, anticonformistes et parfois perturbateurs ? Le ministère de l'Éducation invite

1. *Chanson chère à mon cœur :*
« Vous êtes le dernier, ça me rend morose
Je vous vois dans la classe tout là-bas dans le fond
En philosophie, savez-vous quelque chose ?
Répondez-moi oui... Répondez-moi non.
Monsieur l'inspecteur
Moi, je ne sais rien par cœur.
Oui, je suis le dernier, je passe pour un cuistre
Mais je m'en fous, je suis près du radiateur.
Et puis comme plus tard je veux devenir ministre
Moins je serai calé, plus j'aurai de la valeur... »

régulièrement le fameux terrain à lui fournir des solutions clefs en main. En attendant, l'improvisation règne, on passe des classes-relais aux ateliers-relais, quand la droite succède à la gauche, sans que personne ne sache vraiment quelle différence de traitement on réserve aux collégiens concernés. En jetant les jeunes hors des classes normales sans leur proposer une alternative, comme c'est majoritairement le cas aujourd'hui, les enseignants saturent toutes les frêles structures d'accueil qui se consacrent aux élèves à problèmes.

Comme souvent, les faits se moquent des mesures ministérielles et, faute d'accueil dans l'Éducation nationale, les élèves en échec sont pris en charge par les collectivités et les associations qui parfois sollicitent les entreprises. En définitive, face à l'impuissance de l'école de la République, la société se charge directement ou indirectement d'une masse de jeunes parias. L'urgence justifie les palliatifs, mais ne prouve en rien une quelconque compassion à l'égard des jeunes concernés. Au contraire, il s'agit souvent de méfiance bien gérée, car leur niveau scolaire restera en général irrémédiablement bas. Leur sort personnel intéresse fort peu de monde. En revanche, leur potentiel de nocivité sociale est considéré comme incontrôlable ; il est donc dans l'intérêt de la collectivité de les scolariser. Tout humaniste peut comprendre l'idée de Victor Hugo qui veut qu'en ouvrant une école on ferme une prison. Moins emphatique, tout élu local peut imaginer que, avant d'être mis en prison, tout adolescent qui ne va plus en classe pourra commettre de nombreuses exactions dans son quartier. De surcroît, sa prise en charge est un investissement : un élève coûte moins cher qu'un marginal ou un délinquant, d'autant que les ados abandonnés à la rue aujourd'hui seront des parents demain.

Les chiffres sur le décrochage scolaire sont par définition introuvables puisque l'Éducation nationale compte ses élèves dûment admis et non pas les diverses catégories de postulants écartés. De plus, quelques commentateurs faussent les données en refusant de prendre en considération les adolescents qui ne vont pas à l'école après seize ans, âge limite de l'obligation scolaire. Cette position rigide ne veut pas prendre en considération les investigations qui prouvent que les études durent, en moyenne, jusqu'à dix-neuf ans. La seule manière d'approcher la vérité serait de comptabiliser les demandes en souffrance dans les académies. Mais une proportion d'élèves échapperait encore aux chiffres puisque l'inscription sur une liste d'attente, pour trouver un collège ou un lycée, n'est pas obligatoire.

Si les chiffres sont à ce point insaisissables, c'est en partie à cause de l'imprécision du concept de décrochage scolaire. Par exemple, un collégien exclu par un conseil de discipline prenant la précaution de l'inscrire d'office à des cours par correspondance n'est pas officiellement un décrocheur. Le manque d'informations sérieuses résulte parfois d'un choix politique. D'une part, tout décideur de cabinet entretient l'illusion que le refus de mesurer le phénomène empêche les faits d'exister, notamment dans l'opinion, via les médias. D'autre part, la question de la chaîne des défaillances, des négligences, voire des responsabilités ne se posera pas si l'on sous-estime l'importance du décrochage. Et le mammouth continuera d'aller à l'amble paisible de son pas pachydermique.

Malgré l'opacité des statistiques, des recoupements sur les abandons scolaires permettent de supputer quatre-vingt mille décrochages par an. Mais il y a beaucoup plus de décrocheurs puisque tout élève peut rester sans école plus d'une année. Pour absorber cette masse, chaque rectorat dispose d'une Mission générale d'insertion qui multiplie des cycles et des stages en marge de la scolarité classique. Mais la masse des ados en perdition s'accroît inexorablement, notamment en raison de la diversification des formes de décrochage. À ceux qui abandonnent leur scolarité sans diplôme, il faut ajouter les dizaines de milliers d'élèves, qui, par ennui, difficulté personnelle ou nécessité économique, ne fréquentent plus l'école qu'en pointillé de la sixième à la terminale.

Pour parvenir à un traitement de masse, quelques observateurs inspirés proposent des centres spécialisés. Personne n'ose en inventer le cahier des charges, calculer le coût ou réquisitionner les futurs professeurs, mais les esprits les plus affûtés se prononcent sur leur pertinence. Par ailleurs, diverses corporations de l'Éducation nationale suggèrent de liquider le décrochage par la gestion des ressources humaines. Ainsi, en augmentant le salaire des enseignants, en baissant les effectifs des classes et en doublant le nombre d'ordinateurs, le mal disparaîtrait dans l'œuf puisque les profs pourraient s'occuper de tous les élèves.

Pendant que chaque clan dicte ses conditions pour ne rien faire, les décrocheurs ne reçoivent plus aucun enseignement. C'est une catastrophe pour les familles touchées. Comment faire comprendre à des parents que l'école ne peut pas retenir leur enfant au motif qu'il n'a pas un profil assez scolaire ? Est-il blâmable d'avoir perdu l'envie d'étudier ? Que lui fait payer l'école quand elle ne lui propose aucun autre choix ?

Les parents aggravent parfois eux-mêmes la rupture scolaire à cause de leurs préjugés. Notamment ils n'envisagent qu'un seul type d'études. À leurs yeux, la réussite dépend de la cote d'une filière et de la réputation d'un établissement, car les études sont un rite initiatique, avec leur rythme sélectif, les épreuves et le sacrifice de la liberté.

Les décrocheurs eux-mêmes aspirent à la tradition ; fuyant stages et béquilles en tout genre, ils préfèrent de vraies classes avec des professeurs authentiques, plébiscitant, au passage, les matières générales au détriment des disciplines technologiques.

L'attrait des classes atypiques [1] du lycée Jean-Lurçat, où deux cent-trente adolescents reprennent goût progressivement aux études, en coexistant avec six cent cinquante autres élèves de seconde, première et terminale classiques ainsi qu'avec sept cents étudiants préparant de nombreux BTS, réside paradoxalement dans leur apparent conformisme. Celui-ci repose sur cinq critères. Une unité de lieu : l'école avec ses composantes (CDI, infirmerie, demi-pension, gymnase…). Une unité de temps : l'année scolaire régie par son calendrier traditionnel. Une unité d'action : des cours en présence de profs. Une unité de contenu :

1. *Pour plus de détails sur les classes atypiques, se reporter au carnet d'adresses.*

des disciplines familières. Enfin, une unité de but : un diplôme ou un passage en classe supérieure. L'essentiel, on le verra dans la suite de l'ouvrage, n'est pas là, même si cet aspect est symboliquement très important pour des jeunes que tous les autres établissements ont rejetés.

L'école standard ne traite pas le décrochage, tout au plus le déplore-t-elle. Mais, comme elle est un tantinet matamore, elle présente sa lamentation comme un magnifique engagement. L'action la plus commune consiste à obtenir la démission officielle de l'élève visé, précisément pour renier toute idée de décrochage. En cas de résistance, il reste la radiation (rarissime) et, surtout, le conseil de discipline. Ainsi, les collèges et les lycées exigent sous la menace que les élèves en difficulté deviennent assidus et travailleurs, sans se questionner sur la façon d'enseigner. Il ne s'agit ni d'animosité ni de perversité, mais d'impuissance. Dans les établissements standard, les professeurs ne sont pas payés pour prendre en charge des jeunes démotivés, voire insupportables, à plus forte raison ceux qui glissent lentement vers la sortie. Le monde scolaire se donne bonne conscience en imaginant que les élèves en rupture seraient attendus à bras ouverts par le secteur médical, social, socioculturel ou judiciaire. Ainsi, de nombreux conseils de classe de collèges échafaudent le fantasme d'un service spécialisé pour élèves difficiles. Chaque prof a en tête l'exemple de certains pays confiant le raccrochage scolaire indifféremment à l'armée, aux instances sportives, aux municipalités, aux Églises, aux œuvres charitables ou aux entreprises.

Cette défection n'empêche pas de nombreux établissements de dénoncer leur propre immobilisme. Mais quand ils ont des idées, c'est souvent pour guérir le mal par le mal, en rajoutant des cours de soutien aux cours ordinaires et du travail de rattrapage aux devoirs à la maison, alors que les potaches visés sont déjà gavés d'école. La méthode n'est pas intentionnellement dolosive, mais elle est absurde car entièrement sous la coupe d'une visée quantitative. Un enseignant croit que des lacunes sont à l'origine des difficultés des élèves ; du coup, il veut les combler. Cette approche par la phobie du vide n'est pas celle des professeurs de Jean-Lurçat. Ils ne font pas une analyse volumétrique des matières, des programmes, des horaires, des méthodes et du mode de rapport au savoir. Ils relativisent… et se montrent a priori bienveillants avec des ados, cassés par une scolarité orthodoxe antérieure qui n'admet jamais les massacres qu'elle occasionne.

Les affres des parents de décrocheurs peuvent durer plusieurs années, dans un climat où pullulent les conseils sans intérêt, les bons sentiments surfaits, les jugements qui ne coûtent rien et les propos qui n'engagent personne. L'école qui exclut leur enfant regrette de ne plus pouvoir le garder, puisque son obsession reste le pourcentage de réussite aux examens et les conditions de travail des autres élèves et des personnels. Face à de tels critères, le drame subjectif d'un décrocheur paraît alors très subsidiaire. Un établissement se sent d'autant moins concerné par un abandon scolaire qu'il a appliqué méthodiquement le protocole type : courrier ordinaire, envoi recommandé, admonestation, convocation, avertissement, réunion, puis exclusion. Le réquisitoire est irréprochable et présenté comme une faveur, car un décrocheur mérite-t-il qu'on perde autant de temps pour lui ?

À l'inverse on peut aussi considérer que, à l'instar de la médecine qui vise la guérison du malade, l'école se doit de raccrocher les décrocheurs. On l'aura deviné, c'est le parti pris des auteurs de ce livre.

Ils ne s'érigent cependant pas en donneurs de leçon ; les sept « classes de rêve » du lycée Jean-Lurçat ne sont pas des modèles ni, comme on le dit en couture, des patrons permettant de produire des séries. Il ne s'agit pas, non plus, de promouvoir une nouvelle tendance pédagogique. Ce qui se passe est dans la tradition séculaire de l'école publique : l'accueil de tous. De ce point de vue, nous sommes très ringards, quand d'autres ne jurent que par la mise à l'écart des potaches en perdition. Par ailleurs, les professeurs concernés sont libres : sans observance ni obédience, ils n'ont aucune obligation d'allégeance à une doctrine éducative. Si notre regard sur les élèves n'est pas commun, c'est parce que nous préférons les jeunes à toutes les méthodes. Nous privilégions leur progression et leurs acquisitions, et nous laissons au second plan le confort de nos compétences et de nos habitudes, même si elles ont fait leurs preuves. Du reste, tous les élèves qui arrivent chez nous brisés, émiettés, n'ont eu, face à eux, que des professionnels avérés. Cependant, l'échec est là. Nous ne proposons pas de formule miracle, comme dans ces Églises américaines où le nouveau converti cesse de fumer, de boire, de tromper son conjoint, de mentir pour devenir un citoyen irréprochable. Nos élèves restent véritablement des adolescents, rugueux, et les profs doutent tous les jours et, de temps à autre, plusieurs fois dans la même heure. C'est probablement en ce dernier point que réside leur force, leur capacité, leur stature. Ce sont des adultes que leur modestie rend forts.

L'autorité, présente partout mais dans une atmosphère sereine, est un pouvoir qui aide de deux façons distinctes : la première en organisant de manière précise la vie collective, ses aléas, ses hauts, ses bas, son authenticité, le tout dans une démocratie volontariste ; la seconde est subjective : ceux qui sont garants de l'autorité s'intéressent à l'élève en tant que sujet. Il n'est pas question d'anonymat, de bureaucratie ou de traitement administratif des élèves. Ces derniers ont un nom et chacun a le droit de rester lui-même, intégralement. Leur passé n'est pas transformé en passif, leurs aspérités ne sont pas montées en problèmes et leur envie d'apprendre n'est pas plombée par leurs résultats antérieurs. Dans ce contexte, l'autorité des profs n'est pas coercitive, elle devient relationnelle. Les ados établissent une connivence, parfois très affective, pétrie d'estime et de respect réciproques. Cette chose impalpable est plus solide que tous les règlements de papier. Des élèves désirés donnent de grandes satisfactions aux profs et la première d'entre elles c'est qu'à leur tour ils désirent l'école. Nous jouons sur cette corde si nécessaire car les raccrocheurs ont très peur de nous décevoir. Comme nous ne les enfermons pas dans un quotidien tatillon, hérissé d'interdits, destiné à flatter le personnel ou le narcissisme du proviseur, les ados opèrent un retour sur eux-mêmes qui les abonnit. L'un d'eux m'a dit un jour : « Aujourd'hui, je descends de vélo pour me voir pédaler. Monsieur, avant, j'étais un vrai petit con. » Comment expliquer ça en termes de sciences de l'éducation ?

Nous misons sur une prise de conscience. Pas celle qui voudrait que l'adolescent finisse par trouver que ses études sont importantes pour l'avenir. Nous préférons qu'il se sente encore plus important que ses études. Car le problème primordial des élèves durs et perturbateurs, c'est leur fragilité. Il nous appartient donc de diluer leur personnage dans notre rôle inflexible d'adulte de référence, mais de ne pas dissoudre leur personnalité dans le pouvoir de l'institution que nous incarnons. Concrètement, nous faisons feu de tout bois, s'il le faut, en jouant sur des archaïsmes salvateurs. Ainsi, cette pratique que les profs appellent le baobab. Le fameux végétal, c'est moi ! Ils menacent tel ou tel potache de passer sous l'arbre à palabres pour se faire remonter les bretelles dans mon bureau. Personne n'est dupe de mon pouvoir magique mais tout le monde est d'accord sur les enjeux. Les « classes de rêve » fonctionnent un peu comme un village, les vieux doivent parfois rappeler les usages. Et les jeunes aiment ça. Faut-il parler de transmission des valeurs et des repères ? Avant tout, c'est une façon d'imposer les exigences de la vie commune et de rappeler la place qu'un ado a promis d'y tenir. La transmission n'est qu'un reliquat. Devenu adulte, sans doute parent lui-même, celui qui se souviendra des profs autour du baobab aura un petit quelque chose de plus. Il n'est donc pas question de protocole minuté pour la résorption de l'échec, l'éradication de la violence, la montée du niveau, l'amélioration du rendement des profs ou la pacification des cités. Nous parlons d'un supplément d'âme. Dans l'école laïque, c'est un paradoxe. Résumons en disant que si l'égalité et la solidarité restent des références pour tous les enseignants, notre travail consiste à être républicains, pas plus. Ce n'est pas en disant à longueur de colloques que l'école est injuste qu'on atténue les imperfections du service public. C'est en accueillant les jeunes qui sont les laissés pour compte de l'institution scolaire.

Il est dérisoire de se demander alors quelle école on veut pour demain. Il serait plus utile de savoir ce que seront demain les décrocheurs s'ils ne suivent pas d'études aujourd'hui dans l'école telle qu'elle est. Certains décideurs très pragmatiques considèrent que le coût du maintien en classe des mauvais élèves n'aura aucun retour sur investissement. Il vaudrait mieux les mettre en apprentissage ou dans les sections professionnelles et ne plus les autoriser à encombrer les lycées. L'idée est frappée au sceau du bon sens ! La France manque de maçons, les collégiens qui coincent en cinquième seront donc sommés d'épanouir leur vocation dans le bâtiment. Si les choses étaient si simplettes, il n'y aurait aucun décrocheur et, parallèlement, il y aurait beaucoup moins d'électeurs, parmi les parents, pour l'homme politique qui oserait une orientation aussi expéditive.

Il faut balayer les arguties pécuniaires. Un décrocheur qui revient en classe coûte-t-il plus cher que s'il était placé dans un établissement d'assistance éducative (justice, aide sociale à l'enfance) ? Dans le même ordre d'idée, un jeune perdu pour l'enseignement n'engendrera-t-il pas, dans quelques années, un coût supérieur à une scolarité, notamment s'il cède à quelque tentation délictueuse ou s'il faut compenser son faible niveau en vue d'une insertion professionnelle ? Par ailleurs, est-il décent de parler du coût d'un décrocheur qui veut reprendre son cursus ? Se pose-t-on des questions aussi vénales sur les dépenses occasionnées par un élève de classe préparatoire, qui n'intégrera pas une grande école, ou bien sur la masse des étudiants de première année (50 %) qui, à l'université, n'arrivera jamais en licence ? Est-on suffisamment attentif au prix exorbitant des innombrables classes de BEP en sous-effectif chronique, parce qu'aucun jeune ne veut y entrer ou parce que les patrons n'embauchent pas ?

Pour prendre comme exemple le lycée Jean-Lurçat, ses classes atypiques dépensent comme des structures standard. Mais cette présentation serait incomplète sans ajouter une nuance. En effet, le coût modique s'explique par l'organisation pédagogique et la logistique. D'une part, les cursus individualisés créent une économie d'échelle puisque, avec les moyens destinés à un élève à temps plein, il est possible d'en accueillir plusieurs à temps partiel. D'autre part, les classes concernées bénéficient d'une économie d'échelle et ne supportent aucun frais de fonctionnement propre : elles se lovent dans les interstices institutionnels pour les photocopies, la maintenance des matériels informatiques, les prestations de l'infirmière ou de l'assistante sociale et celles des agents d'entretien. Il va de soi que ces mêmes deux cent trente raccrocheurs, installés dans un établissement indépendant, absorberaient le double des moyens actuellement accordés par le ministère. En outre, le développement intégré de classes de raccrochage n'a que des avantages. La diminution du coût n'est sans doute pas l'élément le plus déterminant. Il y a deux autres points nettement plus cruciaux. D'abord, éviter la création de ghettos scolaires, en déresponsabilisant les établissements d'origine qui se contenteraient de garder les enfants sages. Le second avantage prend une dimension plus sociale qu'institutionnelle : on n'attrape pas les mouches avec du vinaigre ; si l'on veut réellement remettre les décrocheurs au travail, il faut leur ouvrir les portes des établissements standard, car les fondre à une population scolaire « tout venant » constitue une partie du succès de leur réhabilitation. À l'inverse, dès qu'ils flairent la mise à l'index, hors des sentiers battus, ils se raidissent. De plus, leurs familles, déjà alourdies par la culpabilité et la honte d'avoir un enfant en difficulté, acceptent mal une relégation dans un établissement qui n'a plus les objectifs ni les pratiques de l'école. À leurs yeux, le risque est immense de l'embarquer dans une voie sans espoir de retour dans le fameux cursus normal.

Nicolas, Arthur, Béatrice, Basile, Mathias, Samia et Florent que nous allons suivre de près dans ce livre, comme tous ceux qui abandonnent leurs études en traînant piteusement d'établissement en établissement, sont l'œil de Caïn de l'Éducation nationale.

La connexion entre les élèves vagabonds et le lycée Jean-Lurçat se fait au gré de l'angoisse des parents qui multiplient les rendez-vous dans les divers bureaux de l'académie, dans les centres d'orientation et les quelques associations spécialisées. Parfois le bouche à oreille ou un article dans la presse leur donne un numéro de téléphone, un nom, une adresse. Alors un processus de gré à gré se met en place pour se conclure, dans un cas sur sept, comme l'histoire de Gaspard. La suite est plus importante. La bouture prend, pas toujours rapidement, mais sans douleur, si bien qu'aucun adulte dans notre équipe n'a rien de poignant à raconter sur les élèves. Cependant, les gens qui nous voient de l'extérieur pensent que nos classes insolites valent un détour. C'est flatteur, mais de là à laisser travailler une journaliste en toute liberté, il restait un pas immense que les profs et moi-même hésitions à franchir. On redoute toujours l'altération médiatique de l'image qu'on se fait de soi et de son travail, ainsi que les possibles réactions aigres-douces de la hiérarchie et des collègues. D'ailleurs, nos détracteurs ont déjà frappé, sur Internet, niant même l'utilité des classes innovantes, ironisant sur les profs et m'accusant, bien évidemment, de carriérisme et de mégalomanie. En lisant ces lignes, ils vont être confortés dans leur acrimonie.

Par pudeur, par réserve, par culture, je ne voulais pas faire de livre sur les élèves. Par égard, par estime, par empathie, je voulais rendre hommage à leurs professeurs. Il n'était pourtant pas question de faire un document compassé de proviseur. Alors la création d'un tandem devenait indispensable. Nathalie

Guibert, en tant que journaliste spécialisée, a une bonne connaissance du fait scolaire et une plume aguerrie. L'équipe l'a accueillie. Elle a aussi été adoptée par les jeunes, au fil des nombreux entretiens qu'elle a conduits avec eux et souvent avec leurs parents.

Il restait à écrire à deux. Seul, jamais je n'aurais osé la première personne et cette tonalité qui sonde les cœurs. Certes, l'authenticité est indispensable mais mon métier m'a habitué à cacher l'adolescent derrière l'élève et à dissimuler l'adulte derrière sa fonction. Le travail d'investigation et d'écoute de Nathalie Guibert a mis l'être au premier plan. Je me suis autorisé à faire de même. Il ne s'agissait pas, pour nous, d'écrire un livre de pédagogie, ni de publier, quelle que soit leur force, les témoignages de décrocheurs courageux. Il fallait partir de leur parole et de leur grande lucidité pour faire comprendre la réalité complexe du décrochage scolaire, pour mesurer l'abîme dans lequel sont entraînés les jeunes et leur famille et refaire avec eux le chemin, parfois sinueux, d'une reprise des études. La méthode est d'une probité sans nuances. D'ailleurs, ni Nathalie Guibert ni moi-même ne cherchions à donner dans le sensationnel ; la vérité suffisait, puisque l'histoire de chaque jeune est déjà exceptionnelle. Il y a encore mieux.

C'est la réhabilitation des élèves par ce livre. Tous, sans exception, avant leur arrivée au lycée, ont subi les pires avanies : convocation dans divers bureaux de l'administration, humiliation d'avoir de nouveau à chercher une place ailleurs et perfidie des recruteurs éventuels. Certains en ont même conclu qu'ils appartenaient à une jeunesse paumée, sans avenir. Mais, et c'est la première fois, on s'intéressait à eux pour un motif positif ; non pas pour un problème, mais pour un succès : leur retour à l'école.

1

Candidats : quand les décrochés vifs frappent à la porte

« Monsieur le proviseur ne reçoit pas »

Les parents en ont souvent fait l'expérience : un proviseur, c'est pire qu'un ministre. Il ne reçoit pas, surtout aux périodes où l'on aurait besoin de le rencontrer. Son agenda explose. Pour l'atteindre, d'abord, il faut dénouer les fils téléphoniques qui mènent à son secrétariat. Ensuite, il convient de se faire entendre d'une secrétaire marmoréenne qui a reçu des consignes de verrouillage. Enfin, il est recommandé de croiser les doigts en espérant qu'il acceptera d'entendre un quidam à la recherche d'une place.

Dans un tel contexte, les parents trop vindicatifs, du genre « je viens inscrire mon fils, je veux voir le proviseur illico », se font vertement remballer. Ceux, plus finauds, qui sollicitent modestement un petit conseil arracheront plus facilement un entretien. Car, en fin d'année scolaire, l'ostracisme d'un établissement scolaire lambda est à son comble. Les surveillances d'épreuves d'examens, les corrections, les commissions d'appel, les conseils de classe, les conseils d'enseignement et les inscriptions des prochains élèves s'accumulent, en bousculant le planning des divers vins d'honneur destinés à fêter les promus, les décorés, les retraités et les nombreux autres cas particuliers.

C'est justement à cette période que les décrocheurs se disent qu'ils pourraient bien raccrocher à la rentrée suivante. Mais quand ils tentent de joindre un établissement, le plus souvent, un répondeur cartésien ou un concierge évasif épluchent une litanie d'éventualités qui ne répondent jamais aux questions que se pose un élève sans bahut, puisque précisément il ne correspond à aucune situation répertoriée. Il faut donc voir le proviseur en personne.

Il vaut mieux s'adresser au bon Dieu qu'à ses saints, car les divers interlocuteurs que rencontrent les parents d'un décrocheur sont parfois de puissants vecteurs de désinformation. Dans un établissement commun ou dans les couloirs de l'académie, la liberté d'expression est totale ; tout employé en contact avec le public peut émettre un avis circonstancié. Pour rendre service à une famille en quête d'une place, un pion, un stagiaire, un emploi-jeune, un commis en contrat de solidarité ou un standardiste sont susceptibles, contradictoirement, d'infliger leurs innombrables points de vue.

D'ordinaire donc, monsieur le proviseur ne reçoit pas, enfin pas comme ça, et pas n'importe quel ostrogoth qui frappe à la porte. Il faudrait toujours avoir un sens aigu de sa mission de service public pour se dire qu'il n'est pas question de le laisser « à la porte », justement.

Ainsi, tous les obstacles étant franchis, un décrocheur se présente dans mon bureau. Ses parents pétrifiés font un grand écart pour expliquer que leur ado n'aime pas l'école, mais qu'il veut y revenir. Ils croient que je vais dépecer le bulletin de notes et que, dans leur dos, je téléphonerai à l'établissement d'origine pour me renseigner… Le jeune s'enfonce dans le fauteuil, il attend mes raisonnements sur les vertus de l'effort et le respect des horaires. Il a constitué un dossier spontané avec son pedigree scolaire sur plusieurs années. Parfois, il y ajoute des tests de QI passés dans un cabinet privé. Je ne lis jamais de telles pièces à conviction.

Les notes ? À quoi bon remuer le couteau dans la plaie. Un raccrocheur ne peut montrer qu'un bulletin de décrocheur : le reflet d'un effondrement total. Et les appréciations sont toutes du même tabac, se répartissant entre commisération et exécration.

Si je n'épluche pas les bulletins, c'est qu'ils fournissent plus d'informations sur la mentalité des correcteurs que sur l'élève que je reçois. Mais si l'impétrant transi insiste, j'y jette un œil. Parfois, je trouve une pépite d'or dans la gangue des réprimandes : un talent dans une matière ou l'enthousiasme d'un professeur ; je prends soin de le souligner à haute voix, car je sais que des notes catastrophiques, accompagnées de commentaires impitoyables, font des ravages dans une famille, notamment si les parents associent les notions de mauvais élève et de mauvais fils.

« Laissons tomber ton dossier, parle-moi de ton envie de reprendre des études »

Pourquoi réduire un adolescent à ses résultats scolaires ? Je préfère trouver en lui une parcelle d'authenticité, même contradictoire. Il s'agit de ne plus le voir à travers des moyennes, des médianes et des fourchettes. Je choisis la pâte humaine contre ses bulletins trimestriels. Ma pratique peut se résumer ainsi : « Laissons tomber ton dossier, parle-moi de ton envie de reprendre des études. »

L'inscription devient alors un itinéraire qui peut durer plusieurs semaines, comprenant différentes rencontres dans le lycée. Il n'y a aucun test, tout juste un petit texte à rédiger pour que chaque adolescent formalise sa propre déglingue passée, puis ses perspectives.

Pendant ce parcours initiatique, la famille macère dans ses angoisses (va-t-on enfin le prendre ?). Elle en profite pour liquider ses vieux démons : la réussite parfaite, la bosse des maths et le meilleur lycée de France... Parallèlement, elle voit son enfant qui, lentement, (re)commence à croire en quelque chose, à tenir des rendez-vous, à parler de lui, à vouloir gagner.

Ce mode de recrutement, sans concession et sans assistance, truffé d'obligations, de réunions, de visites et de démarches, paraît bien plus équitable aux adolescents que le décryptage de la grande enveloppe de l'académie, ce dossier qui les accompagne à chaque rendez-vous et qui les plombe complètement. C'est qu'ils sentent bien que cette manière de les traiter efface leur passif.

Pour les parents, l'épreuve est rude. La maman de Félix décrit ainsi avec émotion le premier contact avec l'établissement :

« Nous étions le 5 septembre, et j'avais un enfant chez moi, pendant que tous les autres entraient en classe. Je ne voulais pas le scolariser, car je savais que plus rien ne l'attendait dans le système scolaire. Je savais aussi, par mon travail, qu'il y existe des gens d'exception, qui font de l'innovation scolaire. Mais on n'y pense pas, dans ces moments-là. C'est le hasard d'une rencontre qui m'a fait connaître ce lycée. J'ai rencontré quelqu'un qui m'a donné le numéro de téléphone du proviseur. Je l'ai appelé. Et puis c'est tout. Il a demandé d'emblée : “C'est quoi, le problème ?” Puis il a téléphoné à Félix. Et c'est ainsi que nous nous sommes retrouvés tous les trois, avec son père, à 14 heures, dans son bureau. C'était terrible. On se demandait ce qu'on allait pouvoir dire. Mais nous n'avons pas eu à nous poser la question longtemps, ni à chercher un argumentaire. Celui qui était assis en face de moi ne cherchait à s'occuper que de l'élève qu'il avait en face de lui. M. Longhi s'adressait à Félix directement, sans démagogie. Félix restait muet. Au bout d'un moment, le proviseur lâche : “Tu me dis un seul mot et c'est gagné.” Je bouillais sur ma chaise à l'idée que mon fils n'allait pas saisir la balle au bond. Félix a répondu : “Je voudrais du temps.” “D'accord”, a dit le proviseur. »

La maman de Félix essaie de cerner ce qui lui a semblé différent dans ce lycée. Elle dit qu'il ne fonctionne pas sur l'idée d'un contrat, mais plutôt sur une motivation également répartie entre toutes les parties prenantes, parents, enfants, enseignants. « Tout le monde y va ! » Les rendez-vous se font aussi avec le père et la mère de l'enfant. Ce dernier a plusieurs entretiens avec un enseignant. Et même si on a l'impression encore que les choses n'avancent pas aussi vite qu'on le souhaiterait, curieusement, il n'y a plus d'angoisse par rapport au cursus scolaire, au fait de savoir s'il va rentrer en seconde ou en première, etc. On remet les choses à leur vraie place.

La maman de Félix se souvient : « Devant l'équipe, nous nous sommes sentis un peu comme devant un tribunal révolutionnaire. On nous a demandé : "Qu'est-ce que vous avez fait ?", non pas sur le plan psychologique, mais en matière de choix d'éducation. Nous nous sommes rendu compte que nous étions en profond désaccord sur cette question, mon mari et moi. Nous exprimions des choses complètement différentes ! Félix, par exemple, disait toujours, depuis son enfance : "Ma mère, elle est pédagogique." Peut-être lui ai-je imposé trop de contraintes trop tôt, moi qui voulais qu'il soit dans le monde tout de suite, j'étais peut-être trop pressée. Quinze années ont défilé, nous laissant assez démunis. Et d'un seul coup, vous êtes en face de gens pour qui vous existez vraiment et qui considèrent que c'est normal. On sort de ce genre de rendez-vous, deux ou trois heures après, vidés. Le bilan se fait à ce moment-là. On est dans une situation authentique. Il ne s'agit pas seulement d'inscrire son enfant dans un établissement scolaire, d'être un dossier parmi d'autres dossiers. On est entre gens responsables et on ne se défile donc pas devant ses responsabilités. Quand le coup de fil est venu du lycée, Félix était vraiment attendu quelque part. »

Ne pas confondre raccrochage scolaire et cure de remise en forme !

Ici, chaque candidat est considéré pour ce qu'il « est », au plein sens du terme. Son anonymat initial disparaît au bénéfice d'un prénom, d'un visage, puis d'une mémoire qui nous est bientôt commune : « Où en es-tu de ce que nous avions discuté l'autre jour ? » Lors des divers contacts, chaque élève voit les professeurs et prend la mesure de leur importance dans son projet ; il découvre les habitudes facultatives et les règles intangibles. Cette imprégnation est bien plus efficace qu'une plaquette de présentation avec le portrait du proviseur cravaté ou la photo de la façade du lycée !

Si l'équipe de profs et moi-même procédons par allers et retours, c'est parce que la pédagogie active n'est pas réservée aux maths ou au français, elle est consubstantielle à notre conception des relations entre les adultes et les adolescents. Comment resterions-nous cohérents si le recrutement transformait l'élève en dossier, alors que notre enseignement l'envisage comme une personne ? Avant même le premier cours, un nouveau regard est posé sur l'élève.

Durant la noria des candidats, je m'impose une circonspection méthodologique. Il ne s'agit évidemment pas de suspecter tout adolescent qui veut s'inscrire, mais seulement de vérifier qu'il ne conçoit pas ses études uniquement comme une activité égocentrique. La vie collective sera essentielle. Une relation très forte s'établira entre les jeunes, et elle ne sera pas banale, car la dépréciation passée, qui les a tous frappés, leur donne une réactivité particulière au climat affectif. Il me faut donc spéculer sur la capacité d'un candidat à s'intégreret à se construire dans un groupe.

Par ailleurs, je me dois de vérifier que le postulant mesure bien la distance entre les méthodes traditionnelles qui l'ont écarté de l'école et la gamme des procédés qu'il va rencontrer dorénavant.

Le raccrochage n'est pas une thalassothérapie avec un programme type pour que chaque curiste passe entre toutes les mains expertes puis s'en aille en pleine forme. L'adolescent et ses parents doivent s'approprier une nouvelle manière de faire des études. Jamais ils n'auront autant parlé entre eux de l'école, de ce qui est normal ou pas dans les relations entre profs et élèves, de l'ambiance d'une classe et de l'acquisition des connaissances.

Voilà comment les candidats me résument, généralement, leurs cogitations. Selon eux, dans une école standard, un élève doit obéir aux adultes même s'ils ont tort. Il est surveillé et reçoit des punitions. Il ne discute pas de son projet, subit les moqueries des enseignants et ne sait jamais ce qu'on pense de lui. Les élèves ne s'entendent pas entre eux. Les horaires sont fixes, les retards et les absences sont sanctionnés. Mais la sévérité générale n'empêche pas la pagaille dans certains cours, les vols et les violences.

Ils disent aussi qu'en conseil de classe, les profs décident seuls de l'orientation ou du redoublement. Que les mauvaises notes tombent sans explication. Qu'il faut suivre un programme sans dévier et se contenter de faire des devoirs et des contrôles. Que les profs arrangent leur propre emploi du temps sans prendre en compte celui des élèves. Ou qu'il y a beaucoup trop de matières à étudier…

Dans un lycée qui accueille des décrocheurs, aucun adulte ne dit que les élèves sont nuls. Les méthodes sont souples tout en étant fermes. Rappelons-en les principes de base. Les professeurs encouragent, mais aussi disputent pour faire avancer, jamais pour vexer. Ils sont d'accord entre eux et expliquent les cours sans nervosité. Personne ne critique celui qui ne comprend pas. On peut dire ce que l'on pense.

En cas de retard ou d'absence, les élèves se font épingler, mais sans trace de vengeance. Les profs sont respectés sans avoir à le demander. Quand il y a des problèmes, des réunions sont organisées pour en parler.

Les élèves ont le droit de travailler seulement les matières urgentes pour leur projet. Chacun a élaboré un plan en début d'année. Les professeurs préparent les élèves aux examens, comme partout ailleurs.

Mais avant d'en arriver là, il faut accomplir un long itinéraire.

Le rattrapage des parents

C'est l'une de ces grandes réunions d'information que le lycée organise, chaque année au printemps, pour recevoir les familles de décrocheurs. Celles-ci poussent ainsi la porte de la dernière chance, après, parfois, être restées de nombreux mois sans collège ou sans lycée. Inquiètes. Tendues. Accompagnés ou non de leur progéniture à problèmes, les parents sont venus confronter leur trop-plein d'angoisse et leur résidu d'espoir à l'exposé, humain et professionnel, des enseignants de l'équipe. C'est dans un silence studieux, tout de stress et d'interrogations contenus, que l'enseignant souhaite la bienvenue aux candidats, puis présente le lycée et ses formules adaptées aux décrocheurs. Ils sont venus nombreux. Une cinquantaine de personnes se sont assises en cercle, autour des professeurs présents pour répondre aux questions. Certains postulants sont déjà passés dans mon bureau et poursuivent là le chemin de la réconciliation avec l'école. Pour d'autres, c'est tout à la fois un dernier et un premier contact.

Un grand gaillard, casquette vissée sur le crâne, a aussitôt sorti un cahier pour prendre des notes. Une femme blonde et chic, professeur de collège, est venue avec trois de ses élèves. Des dames au regard concentré ont sorti de leur sac à main leur petit calepin, sur lequel figurait une batterie de questions.

Assis entre ses deux parents, un garçon a écouté sans piper mot, du début à la fin, tandis que son père affichait un léger et persistant sourire en coin. Une jeune fille est venue au rendez-vous, comme convenu avec moi, pour demander si elle pouvait réaliser son projet de préparer un bac Sciences médico-sociales. L'un habite l'Eure, à 220 kilomètres, et vient trouver une solution avant d'avoir ses dix-sept ans, âge auquel il pourra embrasser son rêve, s'engager dans l'armée. Un autre, au look rasta très étudié, a vite compris qu'il s'était trompé d'adresse : apprenant que le lycée ne proposait pas d'option théâtre, il a aussitôt quitté la salle avec sa mère, sans attendre la fin de la réunion. Une adolescente, le regard dissimulé derrière ses mèches blondes, cherche « plutôt du professionnel, ou, comment ça s'appelle déjà, de l'alternance ».

Tous ont ainsi répondu à l'invitation avec une idée en tête. Dans ce type de réunion, chacun apporte son histoire et, au-delà de la rupture scolaire commune à tous, chacune est unique. Une jeune fille vient de raccrocher, raconte sa maman, grâce à une autre structure alternative récemment créée, un collège expérimental près du Mans. La formule stages + cours exposée par les professeurs lui paraît bien adaptée, mais la petite n'aura que quinze ans au mois de novembre : comment pourra-t-elle aller en stage ou s'orienter vers une formation en alternance sans avoir l'âge légal requis de seize ans ? Des dérogations sont possibles, et la chance peut être tentée de lui faire intégrer une structure plus scolaire dans un premier temps…

Derrière ses lunettes, une autre mère dévoile son unique préoccupation : comment retrouver le chemin d'une première scientifique ? La classe de seconde, telle qu'elle est enseignée ici, comprend-elle vraiment toutes les matières qui permettent de passer en section scientifique ? Et, après un passage dans ce lycée pas comme les autres, qui ne lui paraît qu'à moitié rassurant, son fils pourra-t-il être recruté facilement dans les établissements « normaux » qui préparent le bac S ? La maman va trop vite, met la charrue avant les bœufs. Il faut d'abord qu'une classe de seconde réconcilie son fils avec l'envie véritable de devenir un étudiant scientifique. En tout état de cause, une année d'adaptation, au moins, est nécessaire pour passer de l'état d'élève décrocheur à celui qui redevient capable d'intégrer un parcours « normal ». Une année pour s'orienter, pour se reconstruire, se « restructurer », comme l'exprime une mère.

Une autre raconte que sa fille de seize ans redouble sa seconde et se trouve, depuis deux ans, « dans une souffrance terrible ». Et de culpabiliser : « J'ai fait la bêtise de la mettre dans le privé, c'est encore plus carré et cela lui convient encore moins… Elle s'exclut d'elle-même. Pourra-t-elle être acceptée sans avoir le niveau de seconde ? » Oui, car l'une des règles d'or d'un accueil réussi des décrocheurs, c'est l'instauration d'un moratoire scolaire. Oublié, le maudit livret scolaire, véritable casier judiciaire, comme le qualifient certains, et qui poursuit le mauvais élève sans jamais lui donner la chance de repartir ailleurs, neuf.

« Et les devoirs ? » s'inquiètent encore des parents. Va-t-on continuer à les infliger, alors que son enfant, qui « en est à sa seconde année de refus », ne veut plus entendre parler de travail le soir ? Là encore, les inquiets trouveront une réponse. Des plages horaires réservées à l'aide aux devoirs sont prévues dans les emplois du temps des lycéens. Mais attention, « pas de magie ! ». L'expérience a montré que cela ne suffisait pas toujours : certains se font tirer l'oreille pour fréquenter l'aide aux devoirs.

Autre souci, la carte scolaire. Un garçon s'inquiète : « Peut-on être accepté alors que l'on n'habite pas dans le secteur ? » La réponse est positive. L'angoisse plonge certains dans une relative confusion. Les mots s'emmêlent, pour dire les souffrances accumulées. Ainsi : « Dans le cas où un élève qui a raccroché en seconde mais avec une telle souffrance que ça reste en dents de scie, est-ce que, s'il est vraiment motivé, il peut intégrer une première après un entretien ? »

Un papa, cheveux blancs coupés court, se tient debout dans l'assemblée. Un peu en retrait, il a rongé son frein pendant toute la réunion, comme s'il n'appréciait guère la situation qui le voit, flanqué de son fils, frapper à la porte du lycée pour décrocheurs, demander une inscription qu'il n'est pas sûr d'obtenir et ouvrir cette ultime porte de secours dont il se serait évidemment passé. Sa seule existence ne signe-t-elle pas la faillite d'une école qui n'a pas su retenir et éveiller son enfant ? Sa seule présence ne signe-t-elle pas son échec en tant que père ? Tout à la fois agressif et sur la défensive, il lâche une question sèche, péremptoire : « Comment pouvez-vous redonner confiance à un élève alors que tout ce qu'il a vu jusqu'à maintenant ne lui a pas plu ? Nous, les parents, nous savons ce que représente l'école, mais eux ne l'ont pas compris. Malheureusement, ils ont complètement perdu confiance dans le système. Or le temps est court. Et nous voulons qu'ils retournent à l'école ».

Les enseignants qui accueillent des décrocheurs ont appris ce que ce père ne sait pas encore : sans la propre volonté de l'adolescent, sans son désir de renouer avec l'école, rien ne réussit. Le fils est là, discret, tête baissée et les bras ballants, avec l'air renfrogné de celui qui n'a pas encore trouvé sa place. Comme d'autres, dispersés dans la salle, il laisse son père (ou sa mère), une fois de plus, parler à sa place. Hélène, l'enseignante qui anime la réunion, après s'être assuré que ce père était bien accompagné de sa progéniture, répond calmement en regardant l'adolescent : « C'est sur lui que cela repose... Il va se jeter à l'eau, à lui de faire la démarche... » Mais le père la coupe, sèchement : « C'est nous qui voulons qu'il retourne en classe ! »

Le message « écoutez vos enfants, d'abord, pour mieux repartir ensemble » ne s'impose pas comme une évidence. « Mon fils, renchérit une mère, n'est pas à l'aise dans une structure normale, où il redouble d'année en année... Ce n'est pas une question de notes et de moyennes, c'est un problème de rapport prof-élève, de mal-être... On va le sortir de sa seconde ! »

Comment faire comprendre qu'il s'agit, avec ces « décrochés vifs », de « réaliser le dernier pari » ? Pourquoi est-il si difficile, malgré le grand désarroi des familles, de les convaincre qu'un fonctionnement différent du lycée classique vaut la peine d'être tenté ? Qu'il suffit parfois de peu pour renouer avec l'école et l'estime de soi ?

Nul ne peut rien promettre, à ce stade. Mais, disent en substance les enseignants aux parents, si votre enfant manifeste la volonté de tenter une dernière relation avec l'école, ne la laissez pas filer.

Certains l'ont bien compris : « Ils sont déjà venus assister à cette réunion, c'est formidable ! », lance une maman, sincèrement enthousiaste, en couvant deux adolescents du regard. Peu importe le chemin déjà parcouru, tempère l'enseignante. Certains peuvent être convaincus sous la pression de leurs parents. D'autres le seront sous l'influence de leurs copains, restés en classe… « Cela finira par venir d'eux aussi. Le déclic se produit quand ils viennent ici. Rien ne se passe si l'on n'éprouve pas les choses, si l'on reste derrière la vitrine. » Tout réside dans l'instauration d'un autre rapport aux adultes.

En fin de réunion, chacun est invité à laisser ses coordonnées pour être recontacté en vue d'une inscription. Un cahier circule de main en main et, rapidement, une longue et sage file d'attente se forme. Une étape de franchie, une de plus !

Un rendez-vous individuel sera organisé pour chaque candidat, d'ici quelques semaines, avant le départ en vacances d'été, pour ne pas risquer de faire ses valises avec l'angoisse au ventre. Les trois premières semaines de septembre seront consacrées à l'orientation de chacun vers la formule qui lui convient le mieux : l'alternance trois jours de stage/deux jours de classe, la reprise en douceur en seconde, la recherche d'orientation pour les collégiens les plus perdus, ou l'emploi du temps choisi pour les terminales dont la vie ne se déroule plus seulement à l'école [1].

Avec cette inscription tant convoitée, rien pourtant ne sera gagné. Mais l'échange entre les enseignants et les familles a redonné de l'espoir à beaucoup. En repartant, certains s'étonnent : pourquoi ne découvrent-ils ce lycée que maintenant ? Une maman se réjouit. Elle vient de s'entendre confirmer que l'institution ne fait pas toujours son métier comme elle le devrait, surtout en matière d'orientation des élèves. « Rien que pour cela », dit-elle avec un grand sourire, elle n'a pas perdu sa matinée.

Quelques entretiens sur le vif

La lucidité des décrocheurs m'étonnera toujours. Il faut dire que leur vécu leur donne une légitimité incontestable. C'est dans leur chair que ces adolescents ont subi les dysfonctionnements de l'école. Ils ne donnent pas dans les analyses institutionnelles et les causes profondes mais ils imposent une finesse d'appréciation redoutable.

1. Le lycée Jean-Lurçat offre plusieurs programmes pour les décrocheurs : « La Ville pour école », « Le lycée intégral », « Le lycée du temps choisi », « Les 4Z » et « Le lycée de la solidarité internationale ».

Les entretiens approfondis avec l'équipe des profs, dont nous donnons quelques extraits ensuite, sont des occasions précieuses d'échanges. Ils en disent long sur la détresse de ces adolescents comme sur les anomalies du système qui les a conduits jusqu'ici. Après tout, leur empirisme vaut bien les commentaires autorisés de tant d'observateurs du système éducatif…

Jeudi 7 mars, Julie, manteau noir, cheveux longs et maigreur d'anorexique, prend place furtivement dans mon bureau

Elle a pris rendez-vous. Sa longue jachère psychiatrique la laisse à un petit niveau scolaire et ce n'est pas facile à porter quand la maman est prof. La demande est simple : comment rapprocher cette réalité médicale de son rêve de baccalauréat ? Un établissement scolaire peut-il, sait-il devenir l'auxiliaire d'une thérapie ? Un proviseur a alors deux craintes. La première : ne vais-je pas faire exploser une classe et saturer les enseignants si le comportement de l'élève se révélait incompatible avec la vie collective ? La deuxième : ne vais-je pas aggraver le cas de l'adolescente si les compétences d'un lycée ne correspondaient pas à ses besoins d'assistance thérapeutique ? Il n'empêche qu'elle a besoin de vider son sac. Son psychiatre lui a recommandé de reprendre des études en lui donnant l'adresse du lycée. Elle aurait préféré un lycée médicalisé mais ses capacités n'étaient pas suffisantes... Les mauvais souvenirs remontent. Depuis longtemps, à l'école, ça rentrait par une oreille et ça ressortait de l'autre... À partir de la cinquième, la chute a été vertigineuse. Mais Julie aimerait bien obtenir le bac Sciences médico-sociales, une filière altruiste.

Nous entamons le dialogue :

« Un bac médico-social, formidable ! Connais-tu les débouchés ?

– Oui, éducateur, assistante sociale, etc.

– Et l'orthographe ?

– Je suis pas très bonne.

– Quel niveau scolaire te donnes-tu ?

– Je suis arrivée en première mais je crois que j'ai un niveau de cinquième.

– Si on part de là, comptons les années pour arriver au bac SMS. Cinquième, quatrième, troisième... terminale. Ça nous met en 2007.

– Là, j'ai dix-neuf ans, ça me ferait vingt-quatre ans.

– Et si ça ne marche pas, quelle est la solution de rechange ? »

Julie, n'envisageant pas l'échec :

« Je veux vraiment aider les gens. Si je suis acceptée au lycée en septembre, ce serait une chance incroyable.

– Une réunion d'information aura lieu le 3 avril. Tu vas te trouver au milieu d'une masse de jeunes comme toi, largués par l'école. Toi, tu feras ton propre chemin. Ne te fais pas avoir par cet aspect "quai de gare". L'un sera là parce qu'il veut faire de la mécanique, l'autre du piano, et le troisième partira avant la fin en se disant : "C'est quoi ce bazar ?" Pendant que les gens parlent, tu retiens ce qui t'intéresse, de toute façon les professeurs te proposeront un rendez-vous individuel.

– Mais je rentrerais à quel niveau ?

– L'intérêt de nos formules, c'est que tu peux faire ton anglais au niveau quatrième et ta géographie au niveau première.

– Je suis bilingue en anglais !

– Bonne surprise justement.

– Je vais entrer en première alors… ?

– Ça sera au moins au niveau de la seconde. Il ne faudra pas te décourager, quand on a coupé avec l'école, c'est difficile… On va te demander d'écrire un petit texte sur ton projet. Ce n'est pas un examen d'entrée. Il s'agit de vérifier qu'on ne te met pas dans une impasse.

– J'ai un petit peu peur de ce que ça va donner, de ne pas être admise…

– Tu as 80 % du profil mais je n'ai pas dit que je t'embauchais.

– C'est éventuel donc pour une entrée en septembre ?

– C'est éventuel, mais pas virtuel… »

Lundi 18 mars, une maman, manteau beige, cheveux mi-longs, prend place dans un des deux fauteuils, face à moi

« J'ai eu vos coordonnées par Mme Merle, qui appartient aux parents d'élèves du lycée et qui m'a dit que je pourrais avoir de bons conseils. Je suis un peu désespérée. J'ai un enfant qui a toujours été en difficulté scolaire depuis la sixième. Je suis allée de l'école publique à l'école privée sous contrat, pour finir à l'école privée hors contrat…

– Et aujourd'hui ?

– Mon fils n'est plus scolarisé. Il est à la maison depuis la fin du mois de janvier. Il a été renvoyé car il a été absent à quatre colles, à 7 heures le matin, dans son établissement. J'ai bien pensé à l'inscrire dans une autre école privée mais mon mari ne veut pas en entendre parler.

– Comment vit-il sa situation ?

– Quand il voit ses frères et sœurs partir le matin, il me dit : “Il me tarde d'aller à l'école.” Il s'ennuie. Il tourne en rond. Parce que la télévision, à la maison, elle est sous clé. Il traîne. Il fait des annales du brevet.

– Il est inscrit ?

– Oui.

– Et quelle est la stratégie, dans la famille, pour lui ?

– Je veux qu'il soit scolarisé. Ce ne serait peut-être pas plus mal qu'il reparte d'un meilleur pied en quatrième. Lui, il veut une vie normale. Actuellement, il se cache. Il a honte et ne dit pas qu'il ne va plus à l'école.

– Pourquoi le gaillard n'est-il pas avec vous aujourd'hui ?

– C'est moi, je n'ai pas pensé à lui demander de venir.

– Quand il parle d'école, il parle de quel type d'études ?

– J'ai fait faire son bilan chez un psychologue, pour cibler ce qu'il veut faire. Mais il n'en sait rien. En fait, dès qu'on essaie de cibler quelque chose, il a peur de louper autre chose. Il aime bien dessiner. Il est très sociable. Il est le troisième d'une fratrie. Il est plutôt un peu meneur, dans le bon sens du terme. Mais il n'a connu que l'échec…

– Si Jean-Lurçat l'inscrit, ce ne sera pas forcément pour des études orthodoxes, pour mener à Polytechnique, ça ne vous gêne pas ?

– Pas du tout. Vous savez, mon mari et moi, nous n'avons pas notre bac. Ma fille voulait faire hôtellerie, elle est allée en BTS, elle a eu une mention très bien et elle est très épanouie.

– Si on a besoin de faire le point ou de lui faire faire une expérience en entreprise, vous accepteriez ?

– Je suis tout à fait ouverte à la formation en alternance. Je veux qu'il soit heureux, peu importe la voie.

– Je vais vous proposer une stratégie… Durant les quelques semaines qui restent avant la fin de l'année scolaire, nous allons créer une navette entre lui et moi, pour essayer de trouver la meilleure classe pour l'accueillir ici. Il faut qu'il se le gagne un peu, son rendez-vous avec moi ! Il appellera ma secrétaire, Mme Faucher. Il m'expliquera son cas, on se reverra, je le plongerai deux ou trois jours dans un groupe. Avant de partir en vacances, il saura s'il est admis. Ne lui donnez pas d'autre espoir pour l'instant que celui d'avoir un rendez-vous. Je verrai, en sa présence, s'il faut être plutôt dur ou plutôt souple avec lui… »

La mère, me coupant :

« Il a fait une école rigide et une école sans discipline. Dans la première, au bout d'un moment, il avait l'impression que, dès qu'il levait un sourcil, il était collé quatre heures le samedi.

– La stratégie, vous l'avez comprise ? Continuez à demander une place pour votre gamin au rectorat. On ne va pas non plus lui faire perdre un an. Si nous ne trouvons pas de solution ici, je vous donnerai quelques adresses.

– Merci beaucoup. Vous me mettez du baume au cœur. Car vous savez, quand on n'est pas du sérail… »

Lundi 18 mars, un grand gaillard en baskets entre, accompagné de sa mère

Le garçon est suivi en hôpital de jour et n'a jamais connu une scolarité normale en collège et au lycée. L'enjeu pour la famille, c'est de lui faire faire un pas vers plus de normalité dans un établissement de l'Éducation nationale. Ce n'est pas son premier rendez-vous avec moi, un « travail d'approche » a déjà été réalisé. J'attaque donc de but en blanc, il faut que je le fasse réagir. Je m'adresse directement au garçon :

« À ton avis, pourquoi es-tu assis face à moi ? »

Le garçon est très hésitant.

« Pour parler avec vous !

– Alors, de quoi on parle ?

– Je sais qu'il faut que je rappelle la prof mais je ne sais pas quoi lui dire… C'est pour faire le point, pour lui demander un rendez-vous…

– Un rendez-vous, pour quoi faire ?

– Me faire entrer au lycée ! À l'école, euh… le lycée, je ne sais plus comment ça s'appelle.

– Tu es prêt à venir un petit peu, pour tester ?

– Oui.

– Nous sommes prêts à te prendre en atelier, une fois par semaine. En ce moment, quel est ton emploi du temps à l'hôpital ? Peux-tu quand même disposer d'un peu de temps ?

– Oui, ça pourrait marcher mais, comme dirait mon psy, mieux vaut faire deux choses bien que trois choses mal.

– Tu peux réfléchir. Mais nous sommes prêts ici à te prendre dans une formule plus scolaire que celle que tu connais maintenant. Voilà la clé de la porte, à toi de la mettre dans la serrure.

– C'est moi qui dois téléphoner à la prof ?

– Dis-lui ce que tu peux faire et ne pas faire, mais ne l'effraie pas, avec tes plannings de l'hôpital ! Je viens de te secouer un peu, quelles sont tes impressions ? »

Il tourne son regard vers sa mère, et répond, un brin hésitant :

« Je vais appeler la prof.

– Quelle est ton envie, au fond ?

– Revenir dans une structure normale !

– Eh bien voilà ! Ça peut se dire comme ça ! C'est réglé ! Et vous, la maman ?

– Ça me va très bien. Il sera possible de dégager une demi-journée de libre, à partir du moment où on expliquera ce projet au médecin. »

Une demi-journée par semaine au lycée sera une véritable aubaine pour le gaillard et pour sa mère. Enfin une inscription dans une véritable école ! Le bonheur qui en résultera pour le jeune et la force que cela donnera à la mère seront les véritables vecteurs de la réussite, davantage encore que la teneur des programmes et l'attention des professeurs. Mais, en prenant cette décision, j'outrepasse mes prérogatives de proviseur, il n'est pas normal que je la prenne seul ; l'articulation entre les soins et l'instruction devrait relever d'une politique nationale claire et de solutions administratives pensées.

Vendredi 24 mai, entretiens approfondis des candidats avec les professeurs

Céline, enseignante, reçoit Eva, seize ans et demi, qui sort d'une dépression. Elle n'a pas trouvé de place dans un lycée standard. L'équipe a parlé de son cas et va lui proposer quelques tests pour repérer ses capacités scolaires. Le dialogue s'engage avec l'enseignante :

« Pas aujourd'hui ! Pas les tests ! Je ne peux pas. J'ai toujours eu peur. Je sais que j'ai le niveau mais je perds mes moyens quand on me teste.

– Je sais que tu n'as aucun problème de niveau mais je dois vérifier quelle classe te convient le mieux ici. J'ai parlé de tests, c'est peut-être une erreur. Il s'agit d'une petite composition écrite… »

Pour alléger l'atmosphère, Céline lui pose des questions sur sa vie.

« Je n'ai que maman. Elle est aide-soignante. Elle travaille la nuit. Depuis que je suis toute petite, nous n'avons jamais de repas ensemble. Elle a eu des problèmes de dépression aussi. Je suis très indépendante. Je me débrouille toute seule, depuis que j'ai six ans, en fait.

– Quel est ton projet ?

– Entrer en seconde et passer un bac technologique, mais je ne suis pas encore totalement fixée.

– Quels sont tes autres centres d'intérêt ?

– L'équitation. J'ai travaillé dans un centre équestre, le mois dernier, en Normandie. J'y ai consacré tout mon temps. Je montais une heure par jour.

– Quand as-tu quitté le système scolaire définitivement ?

– Tout début avril, juste avant les vacances de Pâques. J'étais en troisième dans un centre médico-psychologique. Dès que je quittais ma chambre, un infirmier me suivait sans arrêt. On sortait un week-end sur deux. C'était trop ! Le collège avait dit : "Si Eva se fait soigner, elle aura son passage en seconde." Mais quand j'ai demandé, on m'a répondu que c'était complet partout.

– À quand remontent tes difficultés à l'école ?

– En cinquième. Je suis tombée amoureuse pour la première fois. Mon copain était beaucoup plus âgé que moi. Avant, c'était l'école, l'école, l'école. J'avais même le tableau d'honneur. On me traitait d'intello mais, ensuite, j'étais la dernière. On me disait : "Tu étais la plus intelligente mais regarde où tu en es."

– As-tu gardé le goût des études ?

– Oh, oui ! Le goût de la lecture, de plein de choses. Je veux reprendre mes études. Je ferai toutes les démarches possibles. Mais, au rectorat, ils ne sont pas très sympathiques. Ce qui m'a remonté le moral, c'est d'aller au centre d'information et d'orientation. La dame m'a dit : "Tout n'est pas fini, il existe encore des possibilités."

– Comment as-tu fait pour garder un bon niveau scolaire ?

– Certaines matières me passionnent. J'ai continué de lire. C'est surtout en maths que j'ai manqué. Mais à l'hôpital, j'ai rattrapé.

– Pourquoi souhaites-tu réintégrer une école ?

– Plus tard, j'aimerais faire un métier qui m'intéresse. Je veux au moins aller jusqu'au bac. Après, il existe plein de formations, de diplômes qu'on peut passer à n'importe quel moment, si on veut changer de métier.

– Qu'est-ce qui a fait naître ton envie de retourner à l'école ?

– Au centre équestre, je me suis rendu compte que je n'avais pas l'âge de travailler. C'était dur, mes supérieurs me parlaient mal. Je devais y rester longtemps et j'aurais dû entrer en formation pour devenir éducatrice sportive. Mais je n'avais pas d'argent.

– Qu'est-ce que tu attends de notre lycée ?

– Retourner dans le milieu scolaire. Mais les établissements normaux m'ont complètement dégoûtée. On m'a dit que c'était de l'anorexie scolaire. Au collège, je me sentais déjà tellement mal, mélancolique, triste. J'ai lu des articles sur le lycée Jean-Lurçat. C'est différent. Il y a des groupes de parole, un tutorat pour dialoguer avec les profs, des effectifs plus petits… Et je ne veux pas retourner dans le XVIIIe arrondissement où tout le monde s'en foutait.

– Qu'est-ce que tu attends des profs ?

– Déjà, plus de communication et pas juste sur le plan scolaire. Plus d'attention, pas de jugement hâtif, parce que l'adolescence, c'est difficile. Certaines personnes l'ont un peu oublié. En cours, je voudrais qu'on me donne la passion d'écouter, de poser des questions, de faire des recherches au CDI, de lire des bouquins. Je voudrais un prof de maths qui me donne envie d'aimer les chiffres.

– Dans nos classes, nous accueillons des jeunes qui ont de grandes difficultés, qui sont très fâchés avec l'école mais ce ne sont pas des bêtes curieuses. Quel rythme de travail imagines-tu ?

– Un rythme comme tout le monde, qui me prenne ma journée. Je viens le matin, je repars le soir, comme si j'allais au bureau. Je ne veux surtout pas me laisser aller, comme avant, et rester enfermée chez moi.

– Tu es encore suivie sur le plan médical ?

– Oui, une fois par semaine, chez un psychiatre.

– Que pense ta mère de ton arrivée ici ?

– Elle a dit : “J’attends de voir.” Si je pouvais passer directement en seconde, ce serait merveilleux. »

En fin d’entretien, Céline lui propose de choisir parmi plusieurs exercices, pour le test. Eva a pris celui qui a pour thème l’égalité des chances à l’école. Elle a embrassé la feuille que lui tendait l’enseignante, avant de se mettre au travail.

Le même après-midi, dans une salle de classe, Hélène, coordonnatrice des classes atypiques du lycée, reçoit un garçon en jogging qui a l’air très intimidé

Au-dessus, on entend le bruit joyeux d’élèves. Le garçon suit une seconde dans une école privée hors contrat. Ses parents sont retraités. Il ne parle pas, il chuchote, pour feutrer ses contradictions. Comment avouer à des parents généreux, payant une scolarité 5 000 euros par an, qu’on est peut-être en train de décrocher à nouveau ? Peut-être sent-il confusément que le sacrifice financier n’en valait pas la peine.

Hélène entre dans le vif du sujet.

« Tu viens d’une école privée. Comment ça se passe ?

– Avec les autres, ça ne va pas trop. Certains sont pour la peine de mort. On fait vite le tour des personnes. En plus, c'est dans un quartier horrible, au Palais-Royal. Avant, j'étais à l'école Alsacienne [1].

– En dehors de cette difficulté d'échange avec les autres, est-ce que tu as d'autres problèmes ?

– J'aime les profs attentifs et qui font confiance aux élèves. Je pense qu'on peut à la fois être détendu et travailler sérieusement. Mais, moi, je passais à l'ancienneté, j'ai redoublé ma cinquième et j'ai été accepté en troisième avec 3,5 sur 20 de moyenne.

– Dans quelles matières étais-tu le plus faible ?

– L'orthographe, par exemple. J'ai eu zéro jusqu'à la fin du collège. Les maths aussi. J'ai pris des cours particuliers qui n'ont servi à rien, durant toute ma classe de seconde. Maintenant, j'aimerais passer en STT pour faire de la vente, de l'ordinateur, tout ça. J'ai fait toutes les filières : une quatrième avec une spécialité volley, ensuite une quatrième technologique, puis une troisième arts plastiques... J'ai toujours réussi à m'adapter sans problèmes mais ça m'énerve quand il faut que je choisisse.

– Pourquoi as-tu choisi de venir ici ?

– Ma mère m'a dit que vous aviez des classes à petits effectifs et que c'était mieux pour travailler. Surtout je pouvais éviter un redoublement. Je trouve que j'ai perdu assez de temps. Je veux vraiment mon

1. *Établissement privé parmi les plus cotés et sélectifs de Paris.*

passage en première, même si je n'ai pas fini ma seconde, j'ai encore deux mois de travail.

– Qu'est-ce que tu attends de l'enseignement que tu recevras ici ?

– Qu'il soit intelligent. Pas un enseignement basique du style "on a un programme, donné par l'État, on va faire avec, tant pis si les choses importantes n'y sont pas, vous les verrez plus tard". J'aime les profs expérimentés. J'ai besoin qu'ils soient droits et clairs, qu'ils expriment leur point de vue, en restant neutres.

– Qu'attends-tu des élèves ?

– Qu'ils n'aient pas des fixettes, des préjugés, des avis négatifs sur certains points sans les connaître.

– Quel rythme de travail souhaites-tu ?

– Je n'ai pas vraiment de mal avec le rythme. Cette année, j'ai eu un problème de réveil, le matin. J'arrivais deux heures en retard. J'éteignais machinalement mon réveil. C'est subconscient, je le sais.

– Ta mère est venue aux réunions, elle est très impliquée…

– Depuis le début, elle est là. C'est normal, on a le droit de savoir ce qui se passe pour son "petit garçon". Ça va la rassurer. Là où j'étais avant, les parents n'étaient concernés que quand l'élève déconnait.

– Qu'est-ce que tu aimes le plus, en dehors de l'école ?

– Avant, j'étais un grand sportif... Maintenant, je préfère voir mes amis. Ils ont tous des apparts, tous ont leur travail... On fait aussi des matches de paint balls. C'est la première année où je ne fais pas de sport, d'ailleurs, pour mes prochaines grandes vacances, je vais me dorer au soleil, à Biarritz. Et si on me demande quelle est mon activité préférée, je répondrai la glande ! »

Hélène lui demande de commenter un dessin de Plantu représentant un père bourgeois et un père ouvrier accompagnés chacun de leur enfant, devant un institut privé Sainte-Opportune. Le premier dit, en voyant le second : « Encore un qui va faire baisser le niveau... »

Pour notre candidat, la leçon est claire : « Eh ben, Sainte-Opportune, c'est opportun seulement pour certains. »

2

Nicolas, adorable mais pas du tout scolaire

Pour Nicolas, impossible de préciser exactement si la mise à l'écart lui incombe plus qu'à ses maîtres. Le décrochage souligne l'ambiguïté d'un phénomène qui met l'adolescent en situation d'alterner deux rôles : celui de responsable et de victime. Dans le premier, l'élève est retors, artisan de son malheur. Dans le second, c'est une brebis expiatoire, broyée par une machine scolaire aveugle qui ne pratique aucune autocritique. La réalité est plus complexe. Tout jeune en rupture a une tête de Janus. Il ne s'agit pas de duplicité malsaine mais d'une complication de l'âme humaine.

Le premier Nicolas qui rentre mon bureau est tout en retenue, en gravité, en tristesse ; le regard arrêté sur sa galère, sa scolarité désespérante. Faut-il chercher le niveau de cet élève ? Quelques médecins de Molière se sont déjà penchés sur le garçon pour donner deux ou trois noms à cette manière d'être si adorable et si peu scolaire. Sur le papier, cet adolescent est « nul ». Face aux profs d'ici, il est ouvert, pige vite et noue le contact avec facilité et finesse. Son regard me fixe droit dans les yeux. Quand il n'est pas là, il manque ; quand il est là, ça se sent. Nicolas est donc normal.

S'il a poussé le portail du lycée Jean-Lurçat, c'est qu'il a compris que l'école n'était pas rancunière. Il ne l'a pas toujours aimée, mais aujourd'hui ses profs lui font confiance, et Nicolas le leur rend bien, en s'engageant pleinement dans la classe de la solidarité internationale [1]. L'idée est de l'amener en première, en alliant acquisitions scolaires et actions humanitaires. L'entretien révèle un garçon certes « ascolaire » mais « hyper-social » ; l'école a mis Nicolas en déficit d'estime de soi, mais il reste absolument altruiste.

Ce n'est pas le genre d'élève qui récoltera des mentions à faire exploser les statistiques ; il offre mieux. Son histoire d'élève a commencé, dès les débuts de l'école primaire, par croiser celle d'« un mec qui se plantait des fourchettes dans le crâne et qui mangeait des cailloux. Il ne faisait pas ça pour épater ses petits camarades. Il faisait ça tout seul, comme ça. Il n'allait pas bien. Je crois que c'était le petit-fils d'Alphonse Daudet… » Dans ce climat,

1. *La classe de la solidarité internationale, ouverte à la rentrée 2002, alterne cours classiques et projets humanitaires.*

Nicolas vivra du CP à la cinquième dans une école privée du XIVe arrondissement de Paris. Quant à la suite, elle est un va-et-vient entre quelques psychologues et des professeurs interloqués par l'attitude incongrue de Nicolas. Ils lui disaient toujours « tu peux mieux faire » alors qu'ils laissaient tranquilles des élèves qui avaient des notes plus faibles que lui. Le moindre test qu'on lui faisait subir était ainsi vécu comme une malveillance, voire un danger.

« J'avais l'impression de ne pas être comme les autres. Je me rappelle qu'on m'a demandé combien de jours il y avait dans la semaine, j'ai répondu "huit", parce qu'on dit toujours "dans huit jours". En classe, quand je n'avais pas envie de faire un exercice ou que j'avais peur d'échouer, je me bloquais et je ne faisais plus rien. »

Catalogué « à problèmes »

Sa mère évoque avec amertume ces enseignants qui disaient de Nicolas : « Il est adorable mais pas du tout scolaire », ou encore : « Il ne s'intégrera jamais… » Comment accepter ce qui n'a pas de sens, ce qui n'est jamais précisé ni expliqué mais assené comme un verdict définitif sur son enfant ? Pourquoi était-il condamné ? Les enseignants n'ont pas fait d'effort pour chercher qui était vraiment Nicolas. Le dossier scolaire le plombait et fermait toute perspective. Finalement, la mère conclut : « J'ai toujours accordé des circonstances atténuantes aux enseignants. J'ai eu tort. »

Les adultes ont ainsi instillé très tôt en lui la sensation de ne pas être un enfant comme les autres. L'école lui a imposé une douloureuse humiliation, sans jamais lui donner la chance de montrer son intelligence devant les autres élèves. Le seul qui ne l'a jamais lâché, c'est son frère ; c'est grâce à lui qu'il a gardé le lien avec l'extérieur. Nicolas fonctionnait à l'affectif. Par exemple, un beau jour, au CP, d'un seul coup, il a saisi un livre, et il l'a lu d'un bout à l'autre. Il a toujours préféré les activités informelles aux apprentissages trop structurés. En conséquence, il a été confronté à une noria d'orthophonistes et de psychothérapeutes fournissant, tous, la même réponse : « Votre fils est intelligent, mais… »

Malgré ce diagnostic en demi-teinte, Nicolas s'est détourné de l'école pour s'en protéger, tant elle lui faisait mal. Petit à petit, il s'est isolé de tout, de l'extérieur, bien sûr, mais aussi de sa famille, devant laquelle il restait muet, ne voulant pas prendre le risque de l'inquiéter. Nicolas ne se souvient pas des phases les plus dures, c'est sa manière à lui de survivre.

Au cours de l'entretien, je vois, dans son regard trop sérieux pour ses dix-sept ans, que son désir d'école n'est pas mort, qu'il faut saisir la balle au bond et lui proposer une rentrée des classes. Cette satanée scolarité qui a fait tant de mal à Nicolas devient aujourd'hui une aubaine. Il le sent.

« Je ne veux pas finir boucher »

Quand j'accueille un adolescent comme Nicolas, je ne travaille pas sur le passif, je remets le compteur à zéro. L'accumulation de ses échecs, la profondeur et l'authenticité de ses cicatrices, autant que la lucidité de sa mère, ne sont pas des éléments de preuve suffisants pour me garantir une réussite dans les classes offertes à des ados comme lui. Il y a, en effet, une nuance importante entre prendre connaissance d'un élève à travers son dossier et lui demander de se réapproprier son histoire d'école. L'intention n'est pas de ressasser le passé mais de conjuguer très rapidement le futur, pour qu'il ait une perspective de formation. Dans le cas de Nicolas, ce travail consiste à circonscrire le terrain. On procède ensemble par élimination.

Toutes les classes et les pédagogies spéciales qu'on a proposées à Nicolas, pour son bien et contre son gré, lui ont donné l'impression qu'il s'orientait vers des disciplines ou des débouchés dont il ne voulait pas entendre parler. Il y régnait une bonne ambiance, mais elles ne cachaient pas longtemps leur mission de mise à l'écart des élèves « catalogués à problèmes ». Combien de fois Nicolas a-t-il entendu : « Attention, sinon tu vas aller dans la classe des tebê [des bêtes, des idiots] » ?

Il sait de quoi il parle car il a fini par atterrir dans une de ces classes, une sixième dite « de soutien ». « Tout le monde nous charriait. On n'était pas traités comme les autres élèves. Par exemple, lors de nos conseils de classe, un seul prof se déplaçait, alors que dans les classes normales, ils étaient plus nombreux. Le bon côté des choses, c'est que nous étions beaucoup plus unis que les autres élèves. On n'avait pas le choix. »

De classe de soutien en accompagnement spécifique, Nicolas l'inclassable se voit acculé à une troisième technologique dont il ne veut pas. Il se voit alors « finir boucher ».

Quel métier voudra exercer Nicolas, devenu adulte ? Aujourd'hui, il aime la nature. Soit. Mais, entre ingénieur agronome, activiste à Greenpeace et garde champêtre, il y a des nuances qui changent une vie. Alors, Nicolas gagne du temps en se taisant ; son mutisme est stratégique. Il ne veut pas que l'école utilise contre lui les propos qu'il pourrait tenir. Il dilue le risque d'une orientation forcée. Nicolas résiste, niché dans ses rêves et cramponné à l'idée qu'il se fait de lui-même. D'ailleurs, il n'a pas tort car, ici, les profs prétendent que ce n'est pas parce qu'on est mauvais en calcul ou en orthographe que l'on devient subitement bon en plomberie ou en mécanique. Ils ajoutent même que ce que l'on fait à contrecœur risque d'être raté. Cependant, tout élève peut faire des va-et-vient entre l'école et le secteur humanitaire, le théâtre, le sport, l'informatique ou le commerce.

Que fait-on d'un élève comme Nicolas qui n'appartient ni à la tête de classe, ni à la queue, ni au milieu, selon la règle immuable des trois niveaux ? La question n'est pas superflue car la poser, c'est déjà se demander : que fait l'école pour les décrocheurs ? En effet, lorsqu'un jeune est largué, l'école lui demande plus de certitudes qu'aux autres. Elle ne s'occupe jamais de l'orientation de la tête de classe, la voie royale est toute tracée. Mais elle décrète sans ambages que la queue est vouée au lycée professionnel. Les malheureux qui ne sont d'aucune engeance sont sommés de concevoir seuls et rapidement leur avenir. Ils ne comprennent déjà rien à leur présent, leur passé ne leur laisse que des séquelles, mais ils doivent imaginer illico leur futur. Et l'on s'étonne qu'ils ne disent rien ou n'importe quoi !

Des parents sur la sellette

Un mauvais élève n'est pas forcément un mauvais fils. Les parents se culpabilisent d'avoir mis au monde un enfant qui n'a peut-être pas toutes les capacités pour réaliser une belle insertion professionnelle. Cette question les travaille d'autant plus qu'elle touche à des principes généalogiques : ils ont conçu l'enfant et ils l'inscrivent dans une lignée dont ils ne voudraient pas qu'il soit une branche fragile. Ne les accusons pas un peu trop facilement de faire feu de tout bois, d'être consuméristes, de zapper entre différentes écoles… C'est leur manière de porter assistance à leur enfant en danger, de faire leur devoir, d'assumer leur rôle de parents. Il ne faut pas confondre la confiance qu'ils font à des méthodes disponibles sur le marché avec un quelconque abandon du sort de leur enfant à des tiers. Même si la vie moderne impose des emplois du temps serrés, sépare quelque peu les familles et donne l'impression que les parents et les grands-parents ne s'occupent pas de leurs enfants, ils s'en préoccupent en fait intensément. C'est ce que résume Nicolas : « On ne se voyait pas beaucoup, mais mes parents me trouvaient toujours une autre école. »

La distance que certains parents prennent avec l'école peut passer pour de l'indifférence. Il n'en est rien. Ils portent leur croix, ils ne sont pas fiers de leur gosse et l'école non seulement ne leur propose rien mais développe une méfiance à leur encontre. Ils préféreraient qu'elle les aide à régler ce genre de problème, au lieu de leur faire les yeux doux pour qu'ils se présentent à l'élection au conseil d'administration. Le désarroi des parents de Nicolas illustre assez bien la contradiction du système : doutant de tout, cherchant la meilleure intervention, évitant le pire, se méfiant des fausses solutions, et tout cela en étant juges et parties.

Les méthodes pédagogiques, à la dure, prennent Nicolas à rebrousse-poil. La crainte de ses parents, c'est qu'il soit brisé par ces méthodes, qu'il soit privé de ses samedis et de ses dimanches. Deux heures de colle pour un chewing-gum ne les satisfont pas. Inversement, ils sont pétris d'angoisse lorsque, pour alléger la pression, Nicolas mènera des expériences extrascolaires positives. Il se prendra d'amitié pour un éleveur de chevaux du Cotentin, en se colletant à des travaux agricoles, mais cette bouffée d'oxygène ne le sauvera pas complètement.

En troisième, Nicolas change de nouveau d'établissement et se retrouve dans le privé, à Paris. Un endroit rassurant de prime abord. Le collège est beaucoup plus petit, à taille humaine, dans un ancien couvent de bonnes sœurs. Il accueille moins d'élèves. Tous se connaissent. Cela ne suffira pas.

« Moi, je n'ai pas tenu le rythme. J'avais parfois des bonnes notes, parfois des mauvaises. Les profs étaient sadiques. Une fois, le proviseur m'a donné un exercice de physique de niveau terminale et m'a dit que si je n'avais pas 15 sur 20, il me virait. Mon père m'a aidé et je l'ai fait. Pour un rien, on nous donnait des heures de colle. Il n'y avait qu'un ou deux élèves sur les quinze de ma classe pour qui ce système marchait. Une seule fille a eu le brevet. D'ailleurs, elle est à Jean-Lurçat avec moi, maintenant. »

Amusé, il raconte une anecdote de plus sur cette énième institution privée. « Il y en avait un qui avait cumulé 97 heures de colle ! Au bout d'un moment, on n'y allait plus, on inventait un mal au ventre, n'importe quoi. J'ai eu deux bulletins inférieurs à 5 sur 20, avec seulement deux notes, en maths et en physique, et j'ai été exclu pour deux jours et demi. Les derniers mois, plus personne n'allait en cours. Cette école, en plus, n'avait pas de cantine. On était obligés d'aller manger au McDo. Un élève a été viré : son père a fait un chèque et il a été repris. Voilà comment ça marchait. Le collège m'a donné un passage en seconde « maison ». Le jour de la rentrée, je suis venu. Mais ils m'ont dit : "Finalement, on ne te prend plus." Comme ça ! »

Quand l'école ne joue plus son rôle

Après d'incessants allers et retours entre le public et le privé, Nicolas se retrouve de nouveau chez la psychologue. Encore un mauvais souvenir. Celui d'un cabinet chic, près des jardins du Luxembourg, dans un coin huppé de la capitale. Il subit deux batteries de tests dont l'un, d'après lui, le donne pour débile et l'autre pour surdoué. La seule vertu que Nicolas avait trouvée à ces séances, c'était la fin. Son père venait le chercher en lui offrant *PlayStation Magazine*.

En revanche, le bilan final est largement négatif. Nicolas ne sait pas bien pourquoi ses parents payaient ce type de consultation si cher alors qu'il ne desserrait pas les dents. Résultat des courses : le garçon ne veut plus entendre parler de psys.

De leur côté, les parents arrivent aux mêmes conclusions. Ils sont convaincus que l'orthopédie scolaire ne sert à rien : celle-ci remue trop de souffrance.

Ils préféreraient d'autres solutions. Ils ne savent pas lesquelles mais aimeraient le contraire d'une école classique et du vide actuel. La mère dit : « Nicolas était à la maison et je ne souhaitais pas qu'il en sorte. Je ne voulais plus le scolariser : plus rien ne l'attendait de ce côté-là. En faisant cela, est-ce que je l'aidais ou est-ce que je l'enfonçais un peu plus ? Notre sursaut a été de conclure qu'il n'y aurait plus rien à chercher du côté d'un établissement standard. »

La mère de Nicolas a dû prendre sur elle : réviser ses modèles, renoncer à imposer à son fils des projets qui ne lui correspondent pas. Elle est déchirée entre son devoir de mère et les rêves qu'elle formait sur son enfant. Plus question de se précipiter sur des solutions surdimensionnées par rapport à la réalité des difficultés scolaires de Nicolas. Au bout du compte, elle est seule face à elle-même, tenaillée par une réaction bipolaire. À la maison, moraliser, secouer, exiger des efforts. Face à l'école, jouer les dispenses de gym, les maladies réelles et imaginaires et toutes sortes de circonstances atténuantes visant à sauver pied à pied, chaque trimestre, chaque passage en classe supérieure, chaque palier décisif. L'excès de vigilance de certains parents peut avoir deux inconvénients : d'abord, aggraver l'angoisse et la culpabilité du jeune, puis le précipiter vers des formules risquant de l'extraire indûment du cursus normal. Les jeunes résument bien ce sentiment : « Je veux faire des études normales, avec des vrais professeurs, pas un stage. »

Inversement, les parents ne peuvent pas sous-estimer le dégoût de l'école. Un décrocheur, comme Nicolas, souffre d'être élève tout simplement. Les horaires le rebutent, les profs l'indiffèrent, les camarades le répugnent et les cours l'assomment. Même les bâtiments lui déplaisent.

Quand le décrochage frappe, la vie familiale implose, d'autant qu'elle s'organisait depuis des années autour de la rentrée, des bulletins de notes, du mercredi libre et des devoirs. Dans une première phase, la diligence des parents prend le dessus, d'autant que, dans leur périple pour trouver une issue à leur enfant, ils rencontrent d'autres familles dans la même situation. Ce qui fait du bien, lorsqu'on sort d'un climat ambigu qui a fait des ravages antérieurement, à cause d'hypocrites compatissants, convaincus qu'il y a des malheurs pires que l'échec scolaire, des m'as-tu-vu glorifiant l'abandon des études puisque eux-mêmes ont réussi sans diplôme, des pervers se délectant du décrochage d'autrui pour mieux valoriser la réussite magistrale de leur progéniture ou des rigoristes pensant qu'on ne récolte que ce que l'on a semé, mais qui ne fournissent jamais aucune astuce, adresse, combine. D'ailleurs, serviraient-elles ? Car il arrive que le décrocheur fasse capoter tous les plans. Il ne va pas au rendez-vous que maman obtient dans tel lycée, ne suit pas les conseils de papa, se moque comme d'une guigne de l'avis de l'oncle Gérard qui est professeur. Il s'inscrit aux abonnés absents, il hiberne, stagne et croupit. Le décrochage isole un adolescent. Plus de coups de fil, aucun copain. Sa petite sœur tant aimée l'énerve. On ne peut rien lui dire. Son sport favori l'ennuie. Sa chambre est en pagaille. Il souffrait d'être élève, il souffre tout autant de ne plus l'être, tenaillé par la nostalgie d'une école qui, quelquefois, lui a reconnu des qualités. Il se souvient encore, au tréfonds de son décrochage, d'appréciations élogieuses d'anciens profs, du temps où les insomnies, les cauchemars, les nausées, les trous de mémoire et l'angoisse de la copie blanche n'existaient même pas.

Comment on raccroche ?

En septembre 2000, Nicolas devient donc véritablement un « sans bahut ».

« Chez moi, au bout d'un moment, j'ai pété un câble. Je fumais des clopes, je jouais à la console, je faisais exprès de m'endormir devant la télé à trois heures du matin pour me lever le plus tard possible afin que la journée du lendemain passe plus vite. Je devenais une loque. J'étais avec mon tabac, je n'avais plus besoin de rien d'autre. Je ne mangeais plus. J'avais même la flemme d'aller à la cuisine. J'ai perdu des kilos. Je faisais 62 kilos, et je suis tombé à 55 kilos l'an dernier, pour 1,80 mètre. J'étais devenu un ermite. Quand des copains téléphonaient, je demandais à ma mère de crier "à table" ou autre chose, pour ne pas les prendre au téléphone. » Cette situation finit par peser trop lourd sur les épaules de Nicolas et, tel un animal apeuré qui sort de son antre, il s'est extrait de l'appartement familial, pas très sûr de lui, pour un rendez-vous au lycée Jean-Lurçat. « J'ai eu un entretien avec Monique, la prof de maths, et Christian, le prof de sciences et d'informatique. Et ils m'ont fait passer un petit test. »

Il raconte ainsi son premier contact : « Ma mère m'avait dit qu'ils allaient me faire écrire une rédaction. Ça n'a pas été le cas et ça m'a surpris. J'ai cru qu'au début les profs ne voulaient pas me prendre la tête. Je pensais m'en sortir en remplissant quelques papiers pour l'inscription. En fait, c'était mon premier jour de cours. J'ai vraiment eu l'impression de m'être fait couillonner ! »

La mère de Nicolas avait découvert le programme pour décrocheurs du lycée Jean-Lurçat pendant l'été. Elle avait obtenu un rendez-vous, mais Nicolas n'était pas prêt. Il avait besoin de se poser, selon ses propres mots. Je lui ai donc accordé un délai de réflexion jusqu'en octobre. C'est un artifice qui permet de mûrir le discernement du jeune. Veut-il effectivement reprendre ses études ? Ou ne cherche-t-il qu'une inscription de façade pour contenter la famille et les proches ? Pour vérifier l'authenticité du choix, je lui propose une démarche graduelle qui l'obligera à une série d'allers et retours pour rencontrer plusieurs professeurs, dans un mouvement de sac et de ressac construisant par palliers son entrée au lycée.

Le raccrochage s'est effectué à la période prévue, dans une classe appelée « La ville pour école [1] ». Nicolas ne s'est jamais levé le matin le cœur aussi léger. D'abord inquiet d'entendre les élèves tutoyer les profs et d'être confronté de nouveau à un groupe d'adolescents, il s'acclimate rapidement à son nouvel univers scolaire. Les cours commencent tous les matins à 9 heures et s'achèvent à 17 heures, avec un rythme beaucoup plus serein que celui des établissements traditionnels. Enfin, Nicolas trouve une école qui

1. « La ville pour école » alterne, au cours de la semaine, cours au lycée et stage en entreprise.

répond à ses aspirations ! Il effectue un stage de six semaines dans un commerce tout en continuant les cours. « Je venais en classe le lundi, jeudi et vendredi. Le mardi et mercredi, j'étais en stage. C'était très bien. J'étais crevé le soir, mais j'aimais bien. Je n'étais en contact qu'avec des jeunes. Ce stage ne m'a pas du tout forcé à choisir un BEP ou à travailler tout de suite. Après cette expérience, j'ai décidé de continuer mes études. »

Nicolas reprend doucement confiance. Au début, l'aide aux devoirs ne lui convient guère. Il ne rend presque aucun des travaux. Se trouver, parmi d'autres élèves, dans une salle sans professeur, devant un ordinateur, ne le motive pas. En revanche, il a plaisir à venir assister aux cours du matin, pour retrouver les copains qu'il n'a pas tardé de se faire.

Pour autant, tout n'est pas rose. « Il y avait des trucs qui ne fonctionnaient pas trop. Par exemple, le projet personnel. J'avais l'impression qu'ils nous prenaient pour des cons. On faisait des dessins, des logos censés nous représenter. Je n'y voyais aucune utilité. Je dormais. En revanche, le tutorat, c'était pas mal. Christian s'occupait de moi, on se voyait une ou deux fois par semaine. Il me demandait comment ça allait, me parlait comme mon père, quoi ! Mais je trouvais qu'il parlait trop, je ne me souviens plus de tout ce qu'il m'a dit. Enfin, il y avait l'atelier. On y faisait du sport, du multimédia... On a monté un projet pour aller à Berlin mais, la veille du départ, on nous a dit que seuls les élèves majeurs pouvaient partir et seulement trois élèves étaient dans ce cas. Pour moi, ce n'est que partie remise. Ici, si tu n'aimes pas un truc, tu peux le dire. »

Dans ce lycée, Nicolas a enfin trouvé sa place. En stage comme en cours, il montre de quoi il est capable. Les profs lui ont fait confiance, c'est un pari, il suffit d'attendre un peu pour savoir comment il sera gagné.

Avoir enfin sa place à l'école

« Nicolas revit », confient ses parents. Le projet personnel, au cours de cette véritable année de seconde, fonctionne mieux. Il travaille la relation avec les autres, la capacité à se concentrer, le contrôle de soi, le respect des autres...

Ce qui lui semble différent n'a rien de spectaculaire : c'est tout simplement la confiance qu'on peut accorder aux profs et, réciproquement, la remotivation entreprise par l'équipe enseignante, le sentiment d'être à sa place (enfin !), sans craindre de se faire rembarrer, si on n'a pas compris quelque chose. « Ici, on peut demander autant de fois que l'on veut et même prendre rendez-vous pour se faire expliquer ce qu'on n'a pas compris ! »

Et Nicolas de conclure : « Les profs ont envie qu'on réussisse et qu'on travaille pour nous. On a les parents à la maison, le tuteur à l'école : on est entourés. »

Rasséréné, il reprend confiance en lui et retrouve avec plaisir une capacité à agir sur le monde qui l'entoure. Il apprécie le conseil d'école, qui se tient une fois toutes les trois semaines. Les délégués des élèves confient aux profs ce qui ne va pas. Des petites aux grandes choses de la vie quotidienne, tout est dit. Nicolas s'émerveille : « Des réponses sont apportées aux demandes, de la machine à café au micro-ondes que certains avaient réclamé. Une salle est aménagée par les élèves. » Des remarques sont aussi faites sur la façon dont travaillent les enseignants. Ce conseil d'école est très utile, selon Nicolas, tout à la joie de saisir l'opportunité ainsi offerte de s'exprimer.

Dans cette classe, il découvre également, en option, les sciences économiques et sociales. Un bonheur. « J'aime trop ! Le prof est super. L'histoire, j'aime encore plus qu'avant. Le prof sait être drôle et, en même temps, nous faire travailler. On m'avait toujours dit qu'il ne fallait pas parler, lever le doigt... Mais ici, cela me convient. J'apprends mieux et plus vite quand je dis les choses, quand je me trompe et qu'on me corrige. » Nicolas a tout compris, il sent que l'on stimule ses aptitudes, sans jamais souligner ses lacunes. Du coup, il révèle des dispositions personnelles dont il ne soupçonnait même pas l'existence. Ainsi, son penchant pour le français a amené ses enseignants à lui proposer de suivre les cours de première, année du bac. Il résume ainsi : « On n'a pas l'impression de travailler, mais en fait, on est au niveau. C'est simplement une autre pédagogie. Il n'y a pas de stress. » Certes, mais je sais d'expérience qu'il peut y avoir des coups de blues. Nicolas n'a pas été épargné. Au retour de congés de févier, il a vécu un bref, mais douloureux, retour en arrière. Heureusement, il y avait l'attention patiente et solide des enseignants, comme le filet du trapéziste. Nicolas s'est tiré d'affaire.

À ce moment du parcours, il appréhende déjà le retour dans un lycée normal, l'année prochaine. Trois solutions s'offrent à lui : la filière économique et sociale standard de Jean-Lurçat, le lycée autogéré de Paris – un autre établissement à la pédagogie innovante – ou le maintien, à titre exceptionnel, dans sa classe actuelle pour affiner son projet.

Trois solutions, c'est deux en trop. Quand Nicolas doit choisir, les souffrances passées se rappellent à lui, malgré les progrès accomplis. Il aime se trouver dans un « petit » lieu où il se sent protégé et libre à la fois. Une école où l'on a voulu croire qu'il allait lui arriver quelque chose de bien. L'important pour lui est d'avoir pu changer d'image. Personne, dans ce lycée, ne sait à quel point il a été mal dans sa tête et dans son corps avant d'arriver. Des cicatrices demeurent. Ses parents le savent bien. Ils ne se sont pas encore remis eux-mêmes des jugements portés jadis par les enseignants sur leur fils. « Il est arrivé cabossé à Jean-Lurçat, mais il est là et bien là, explique sa mère. Il n'est pas dans une filière au rabais. On ne lui a pas dit de mettre de côté l'affectif. Nicolas est devenu invincible. Il part désormais se balader les mains dans les poches. Il commence à prendre les autres en charge. C'est fulgurant ! »

Récemment, Nicolas a dit à sa mère : « Le lycée intégral, c'est toute ma vie. » Elle en est restée bouleversée. Cette confidence touche une corde sensible. Aucune mère ne peut rester neutre quand son enfant opère une telle renaissance. Déjà, elle avait pu être jalouse, certes amusée mais jalouse tout de même, lorsque son enfant s'était entiché de l'institutrice de maternelle. Alors, on peut imaginer le choc si un lycée devient toute la vie de son fils ! À la réaction de dépit s'ajoute rapidement la culpabilité de ne pas avoir su apporter personnellement ce que les autres parviennent à lui donner. L'impression de faire sous-traiter le bonheur de son rejeton par un tiers est intolérable ou au moins très dérangeante, mais il faut l'encaisser puisqu'on le voit revivre. « Et c'est bien le cas », ajoute-t-elle.

Nicolas ne plane pas sur un petit nuage, mais il est en pleine forme. « Je me sens bien à l'intérieur. J'arrive à gérer mon temps. Avant je n'avais pas envie de bouger. Désormais, je vais dans des fêtes, fini les nuits devant la télé ou sur Internet. Chez moi ça marche bien, à l'école aussi. Avec les parents, ça se passe mieux. Même s'ils n'ont pas beaucoup plus de temps qu'auparavant, ils ne se crispent plus sur les notes. Avant, la seule chose qui les intéressait, quand on se retrouvait le soir, c'était : "T'as eu une bonne note ? C'est bien." Ce n'est pas du tout pareil aujourd'hui ; ils me laissent la liberté, c'est la belle vie. Au lycée, j'ai eu un déclic. J'ai même demandé des devoirs supplémentaires. Il s'est passé un truc, je ne sais pas trop quoi. Mais je veux travailler ! Je veux que les enseignants d'ici se disent que ça a marché avec moi. Je ne veux pas les décevoir. »

Les décrocheurs ne sont ni des horreurs ni des terreurs

L'envie de ne pas décevoir se transforme parfois en « peur de se planter tout le temps ». Chaque décrocheur a sa particularité. Néanmoins, les mésaventures de Nicolas prouvent que rien n'est jamais perdu. Ce que l'école ne donne pas d'emblée, elle peut l'apporter plus tard. Les idées arrêtées sur la succession des années scolaires, les sacro-saints programmes et la célèbre crise de l'adolescence n'apportent rien. Nicolas a pu reprendre son histoire à l'endroit où elle avait capoté. Tous les décrocheurs n'ont pas cette possibilité. Certes, chaque académie affiche une Mission générale d'insertion qui offre une kyrielle de formations. Mais ce dispositif, très louable, laisse encore un nombre incalculable d'élèves sur le pavé. D'ailleurs, personne ne tranche sur leur sort. S'ils ont plus de seize ans notamment, faut-il les compter dans les décrocheurs ou dans la main-d'œuvre disponible ? Un élément de réponse apparaît dans le statut des contrats-jeunes, puisque des exonérations fiscales sont prévues pour les entreprises embauchant des adolescents en échec scolaire ou très peu instruits. Si l'on ajoute à cette tendance l'indétermination d'un décrocheur sur son désir de continuer des études, il se peut que Nicolas soit le dernier des Mohicans.

Cependant, c'est mal connaître le décrochage que de le résumer à l'abandon des études pour entrer dans la vie active. Un nouveau genre de décrocheur est né. Il est en train de peaufiner son profil : il s'agit de l'élève lambda qui s'installe profondément dans un simulacre de scolarité sans croire en l'école ni aux diplômes, aux profs ou au savoir. Ce désinvestissement est fait d'inappétence, d'ennui, de fuite face aux interros et d'absentéisme, et ne sombre jamais dans la rupture, la phobie ou l'incivilité. L'apparence en est le je-m'en-fichisme partisan, qui parfois reçoit la bénédiction des parents, de la maternelle à l'université. C'est une bonne manière de lutter contre le stress : puisque si l'on n'attend rien de l'enseignement, on ne sera jamais déçu. On dira pudiquement, de ce type de potache démotivé, qu'il n'aime pas l'école mais qu'il évite le pire, passant de classe en classe, sans trop de déboires, même si parfois un redoublement ou une réorientation s'impose. Le stand-by n'est pas nécessairement le signe avant-coureur d'un décrochage tranché. Il s'agit le plus souvent d'un nouveau régime des études pour des ados qui se soucient peu de leur image d'élève et lui préfèrent celle de personnalité hédoniste, ludique, soucieuse de sa qualité de vie, se conduisant comme un usager de l'enseignement, « hors piste, quoi… ».

Face à ces élèves free-lance, les collèges et les lycées restent massivement de marbre. Non seulement ils ne déploient aucun volontarisme pour les remotiver mais ils les abandonnent. Pire, les établissements ordinaires les rejettent expressément. Les exclusions n'ont jamais été aussi nombreuses en collège pour cause d'absentéisme, et notamment pour sa forme la plus déconcertante : celle où élève passe ses journées dans l'établissement sans jamais mettre un pied en cours. C'est une provocation, un crime de lèse-majesté, car il semble dire : les copains, la vie au lycée, oui ; l'enseignement et les profs, non.

La résistance des personnels de l'Éducation contre une nouvelle forme de scolarisation des adolescents en vadrouille plane comme une menace de crise. Il n'est pas question pour la dignité des maîtres et l'honneur de la nation que l'instruction publique soit distribuée selon les besoins des élèves ! On peut comprendre cet instinct ergonomique, tout changement réclame du travail et crée une perturbation. Préfère-t-on laisser s'aggraver la situation ? Avant d'en arriver à une déglingue totale, comme l'a connue Nicolas, ne vaut-il pas mieux s'occuper de ces élèves désinvestis ? Les décrocheurs et tous ceux qui subissent leurs études ne sont ni des horreurs ni des terreurs. Ils ne cherchent pas sciemment à détruire les valeurs et l'organisation de l'école. Ils sont seulement étrangers aux pédagogies traditionnelles et à l'organisation tribale des établissements qui, pour avoir fait leurs preuves, n'en sont pas moins dolosives. L'enseignement repose uniquement sur la satisfaction des apparences. Les professeurs doivent être satisfaits de leurs élèves et ces derniers doivent se satisfaire de leurs maîtres comme des savoirs qu'ils leur transmettent. Il n'est pas pensable que l'école cherche à satisfaire les attentes des élèves, puisque c'est la nation qui attend quelque chose d'eux. Et nul potache n'est censé formuler une insatisfaction. Dès qu'il hésite, les moyens ordinaires de reprise en main se mettent en branle. Les parents multiplient les remontrances, les cours de soutien, les séjours linguistiques et les changements d'établissements. Les profs sortent leur panoplie : admonestation, sanction…

Une famille s'inquiète beaucoup plus quand son enfant quitte l'école pour briser le carcan que quand il croupit en classe au point de mourir d'ennui. Pourtant, d'après la mère de Nicolas, les indicateurs sont flagrants : « Il ne parlait jamais de l'école, ne travaillait pas assez à la maison, était influencé par des copains peu studieux. Il menaçait de tout larguer… »

Tandis que les parents se débattent dans des interrogations infinies, la vie scolaire continue. Le décrochage est nié et les phénomènes qui l'annoncent minimisés. L'école s'exonère de toute implication : si un élève est en rupture, c'est parce qu'il rompt. C'est comme le pavot : s'il est sédatif, c'est qu'il a des vertus dormitives. Cette tautologie laisse transparaître une arrière-pensée : l'élève qui s'ennuie et qui commence à décrocher est probablement atteint d'un trouble psychique. Une autre manière de dire la même chose, mais en termes plus feutrés, consiste à préciser que les classes normales ne sont pas faites pour des élèves insolites. Donc l'enfant en passe de décrocher perturbe les autres élèves et fatigue son maître. L'argument est politique et historique puisque les enseignants ne sont ni formés ni payés pour assurer la garderie de galopins qui n'ont pas leur place en classe.

Heureusement, il reste les contradictions de l'école publique. Comme elle est à tout le monde, personne ne peut y imposer sa loi. Et c'est pour cette raison que, parallèlement aux profs qui ignorent le décrochage et dédaignent les décrocheurs, d'autres de leurs collègues les accueillent volontiers. Il ne suffit pas d'ouvrir une école pour fermer une prison, faut-il encore que l'école ne soit pas une prison !

3

Arthur, entre Katmandou et les Gobelins

Autocritique ou mea-culpa

Encore un garçon ! Le lieu commun veut que les filles soient plus sages, plus légitimistes, portées sur la négociation et peu disposées à assumer le choc frontal d'un abandon actif de l'école. Tout au plus seraient-elles victimes de décrochage passif, organisé par un établissement à leur détriment. Les faits sont souvent plus complexes. Il y a aussi des filles agressives, menteuses et absentéistes. Cependant, la justice des mineurs fait un constat similaire : la violence en réunion, les insultes aux détenteurs de l'autorité publique et le vol sont plutôt le lot commun des garçons. Les féministes ont une explication qui passe par l'éducation arrogante que les mères donneraient à leurs petits machos, qui se croient, ainsi, tout permis, tandis que les filles s'habituent à courber l'échine. On trouve une version plus romantique du même phénomène ; les garçons seraient des êtres fragiles et sensibles que le déclin scolaire blesserait au plus profond d'eux-mêmes et qui, par réaction de défense, deviendraient plus asociaux que les filles.

Ce débat ne me servira à rien pour accueillir le prochain jeune qui a pris rendez-vous. Arthur augmente la longue liste de début d'année scolaire, quand les jeunes ne trouvent aucun lycée et que leur stress est au plus fort. Le couloir de mon bureau est aménagé avec des chaises très Camif et prend une allure de salle d'attente. Mme Billard et Mme Faucher, les secrétaires, aménagent mon planning comme celui d'un grand patron et les consultations commencent.

Toute activité humaine a ses petits travers qui parfois ne manquent pas de sel. Les candidats les plus jeunes sont flanqués de parents qui confisquent toutes les réponses à mes questions, pour s'assurer que je serai séduit. Il y a même des fiancés qui accompagnent leur dulcinée et des ados qui se déplacent en bande (un pour tous, tous pour un). Celui qui doit affronter la terrible situation a besoin de courage. Pourtant, je ne suis pas effrayant, mon accent gascon me donne des intonations de Roger Couderc et je n'ai pas la réputation d'humilier en passant à la loupe les appréciations calamiteuses des établissements précédents. Mais l'enjeu serre les gorges, rend les mains moites et fait rougir les joues. Dans les esprits, il y a mille raisons pour que je sois un proviseur hargneux, qui ne comprend rien aux jeunes, notamment aux mauvais élèves. Ils s'imaginent devant le juge et se livrent à un examen de conscience que je n'ai pas exigé. Du coup, les candidats ont tendance à s'excuser d'oser demander une toute petite place au lycée et, avant que je les aie fait asseoir face à moi, ils se lancent déjà dans une autocritique sidérante. Leurs points faibles, leurs fautes, leur mauvaise foi, ils reconnaissent tout, et aussitôt m'annoncent leur conversion. Un miracle ! Ils sentent que c'est bien ici qu'ils vont repartir de zéro.

Tomber le masque

Arthur est en errance depuis un an. Passer le bac pour la troisième fois n'est pas sa tasse de thé. Après son second échec, il est parti en Asie. Si les voyages forment la jeunesse, ils ne donnent pas le précieux sésame pour la fac. Alors il est ici pour tenter le coup. Il me la joue détaché, cool et dans le genre « je ne vais pas baisser mon froc pour une place en lycée ». Comme je n'ai pas l'air d'un notaire attristé, avec ma barbe et mes cheveux en bataille, il se dit que j'ai dû faire Mai 68. Alors il m'amène sur les sentes du Tibet et du Népal. Comme il suppute que je suis en train de l'imaginer dans une fumerie d'opium ou pire, il se lance illico dans un discours philosophico-existentiel sur un de ces arts martiaux, qui n'est pas le simple sport de combat qu'on voit en Occident. En définitive, ce n'est pas la tournée du pavot qu'il a accomplie durant plusieurs mois là-bas, mais celle des abbayes. Son crâne est encore lustré par l'expérience et sa voix flegmatique affiche une certaine distance entre lui et les choses. Il est zen. Le bac n'est plus un problème de vie ou de mort. Sa relation avec les parents est dans un état létal : ils assurent l'obligation alimentaire en contrepartie d'une perspective de formation, sans exigence d'un cursus particulier. Comme Arthur a un pote qui a une copine qui a une voisine qui lui a dit que le lycée Jean-Lurçat avait trois classes de terminale dites du « Temps choisi », le globe-trotteur vient vérifier si son yang et son yin peuvent s'accommoder du programme.

Ce genre d'aplomb est probablement un atout dans certains cercles mais j'y suis personnellement imperméable. Au contraire, je me sens plutôt incommodé par les écrans de fumée. Donc, comme l'oiseau a de l'envergure, je lui livre franco mon impression. Jamais ses moines exotiques n'ont dû lui être aussi utiles. Il se ravise et jette le masque. Le périple ascétique cachait en fait une longue déprime et le retour n'est pas facile. Les arts martiaux ne sont pas d'un grand secours quand, à vingt ans, on voudrait tout de même solder l'adolescence par un bac. Enfin, voici Arthur dans sa vérité, il parle de ce qu'il veut réparer ici.

Il s'est ennuyé en classe comme personne. Il ne se souvient pas avoir eu un seul instant de bonheur à l'école. Inutile d'essayer de dater sa perte d'intérêt pour les études, elles ne l'ont jamais intéressé. Alors, du CP en terminale, il s'est fait une raison en trouvant une satisfaction dans le simple fait de ne pas craquer, pour sa famille. Il a tenu, école, collège, lycée, juste pour assurer une montée progressive, sans pour autant échapper aux menaces d'orientation punitive en lycée professionnel. L'âge avançant, il a su utiliser les dysfonctionnements de l'institution pour éviter tout effort. Puis il s'est installé dans une assiduité à sa convenance, tout en cultivant les antisèches, le plagiat et les emprunts de devoirs. Il jouait avec le feu. Dès la cinquième, tous les profs l'avaient dans le collimateur pour manque de travail et mauvaise conduite, mais pas pour de « grosses conneries ». Le point de non-retour fut atteint en première : « Je n'allais plus en cours, je suis arrivé en force en terminale parce que la loi le permettait, j'ai passé le bac L deux fois, pour rien. Maintenant, personne ne me veut pour une troisième chance. »

Mon regard doit s'assombrir puisque Arthur m'annonce qu'il regrette de m'avoir dérangé sans vraiment se rendre compte que sa demande n'avait aucune chance d'aboutir. Il faut donc que je lui cache que je sens précisément le contraire et qu'il y a dix ans, quand Armelle Barral et moi-même avons conçu le lycée du « Temps choisi », c'était pour des gars et des filles comme lui. Néanmoins, Arthur ne va-t-il pas replonger dans son aversion pour l'école ? Alors, manière de retarder son départ, je lui demande de me raconter quelles étaient les manifestations les plus habituelles de son décrochage. Il se vautre dans la délectation de dire de telles bizarreries à un proviseur. Pour supporter les cours, il avait tout un système de bavardages, de jeux divers, de baladeurs, de communication par SMS et autres taggages des pupitres… Pour couvrir ses absences, le clampin montait des scénarios, s'enfonçait dans le mensonge et falsifiait les billets d'excuse. Parallèlement, il trafiquait les bulletins de notes pour tromper ses parents. Les moyennes fictives restaient évidemment très acceptables.

Mais la situation un jour l'a rattrapé. Tout le monde a découvert le pot aux roses. C'était en troisième. L'édifice s'est effondré. Sa conscience était soulagée. Il n'avait plus à vivre dans l'hypocrisie. Il se souvient : « Les profs ricanaient de joie, fiers d'avoir eu ma peau pour faire un exemple, mais comme ils ne voulaient pas le reconnaître, ils se contredisaient comme des bouffons en parlant de mon niveau, de mon manque de maturité, de paresse, de maladie… Celui d'anglais a même conseillé de me dénoncer au juge des enfants ou à un psychiatre. Mes parents ont été forcés de faire une lettre de démission. Le principal disait : “C'est ça ou je fais un rapport pourri qui le suivra partout !” Mes parents ne voulaient pas que je quitte ce collège, ils avaient trop peur que je me déscolarise. Mais ils avaient encore plus peur que le principal me fasse un dossier de racaille comme quoi j'effarouchais les profs et dérangeais le bahut. »

Lorsque Arthur s'est retrouvé assigné à résidence dans sa chambre, interdit de séjour dans toute école publique de l'académie, il a d'abord été sidéré en découvrant qu'en n'étant plus élève, on n'existe pour personne. La télé, les publicités, les conversations des gens, tout converge vers le même refrain : jeunes, écoles, diplômes. Un ado qui n'est pas à l'école n'a donc plus de jeunesse… « Ma mère me prenait la tête. Pour elle, mes études, c'était sa raison de vivre. Mon père pensait que je finirais à Fleury-Mérogis. »

Dans un premier temps, Arthur souriait de telles remarques puis, peu à peu, elles ont constitué un harcèlement. Il est devenu agressif, se lançant dans des diatribes, voire des altercations, pour clouer le bec aux Saint-Jean bouche d'or qui, en flattant l'école, finissaient implicitement par le désigner comme un grand handicapé. D'ailleurs, sa mère, à moitié par ironie, à moitié par affliction, disait souvent : « Si tu avais une maladie, on saurait au moins ce qu'il faut faire et les docteurs te soigneraient. » Évidemment, elle se ravisait, en déclarant haut et fort qu'elle préférait qu'il ait perdu une année de scolarité plutôt qu'une bribe de sa bonne santé.

La résistance des potaches

Lors de leurs pérégrinations pour rescolariser Arthur, les parents ont rencontré une association citoyenne qui a proposé de faire un procès à l'ancien collège de leur fils à cause de l'extorsion de la démission. L'avocat était gratuit, mais les délais exorbitants. Arthur aurait eu l'âge d'entrer à l'université quand l'Éducation nationale aurait pu être condamnée à lui faire terminer sa troisième ! Néanmoins, l'association demeure persuadée que les parents devraient porter plainte contre les chefs d'établissement, les inspecteurs et les recteurs car la création d'un état de stress, dans leurs rangs, bénéficierait à tous les jeunes. Ces bureaucrates se cachent derrière des commissions, des groupes et des conseils de toutes sortes mais, au bout du compte, ils tirent les ficelles. Quand la mère d'Arthur a rencontré le médiateur de l'académie pour obtenir un nouvel établissement, le brave homme n'a même pas voulu reconnaître que la démission sous contrainte était une arnaque. D'ailleurs, il était lui-même proviseur à la retraite, occupant son temps libre à calmer des parents remontés contre les injustices du système. « Ma mère a failli l'écharper quand il lui a donné de gentils conseils pour me remotiver : faire des fiches, seul à la maison, pour ne pas perdre le niveau, voir un psychologue et écrire à quinze bureaux pour des places qui n'existaient pas. Du vent. Alors je suis resté sans école. Mes parents m'ont inscrit d'office à des cours par correspondance pendant deux ans et, au bout, j'ai raté le bac. Pour redoubler, mon père m'a inscrit dans une boîte payante. J'ai échoué une deuxième fois. Mais comme j'étais majeur, mes parents m'ont laissé faire un voyage pour me changer les idées. »

Arthur considère que sa résistance aux études se justifiait, dans le passé, par la crainte de se faire abêtir par des profs obsédés par le remplissage des cerveaux avec les pages du programme, sans la moindre envie de développer l'esprit critique des élèves ni leur esprit tout court. Aujourd'hui, il est prêt à admettre le rôle de transmission des profs, sans parler de bourrage de crâne, parce qu'il s'est équilibré lors de l'excursion asiatique. Sa nouvelle sagesse paraît encore un peu folklorique mais lui donne la force d'accepter des règles. Son ennui en classe et son manque d'intérêt pour les études n'étaient pas une fatalité. Il aurait pu dépasser le dégoût : « Parce que même les profs les plus nuls laissent toujours quelque chose d'utile aux élèves. » Il faut maintenant qu'Arthur imagine sa reconquête du désir d'apprendre. Alors il cherche à me faire saisir que sa motivation est béton et que sa présence dans mon bureau n'est pas le fruit du hasard. Tout ce qu'il sait de mon lycée le conforte dans sa première impression. Donc je vais dire oui et on n'en parlera plus. Pour m'envelopper encore plus sûrement, il m'expose la quintessence du « Temps choisi » ! Je me doutais que les philosophies d'Orient donnaient une puissance intérieure, mais à ce point… « Ici, ce qui est bien, c'est que les élèves peuvent faire le point sur leur échec, le reconnaître, mais aussi voir ce qu'ils savent ou pas. Les profs n'enfoncent personne. Chaque élève sait pourquoi il reprend des études, il n'est pas là pour papa, maman, ni parce qu'il est mytho et qu'il se voit aviateur dans trois mois, avec 2 sur 20 en maths depuis des années. »

La formulation appartient au candidat. Arthur n'en reste pas là. Ce qui l'intrigue le plus, c'est cette fameuse individualisation du programme, d'où le nom « Temps choisi » ! Il décrit le dosage dont il rêve : les contraintes du bac, la vie de classe avec les autres, un ou deux séjours dans un pays perdu, à préciser selon le besoin mental du moment et, surtout, le pécule engrangé grâce à des petits boulots de week-ends. Mais « cette formule à temps partiel » n'est pas le Club Med, il faut tout de même étudier, gratter des devoirs, ouvrir des livres, « ce ne sont pas les profs qui vont passer le bac à la place des élèves »…

Ce qui le rassure, c'est l'aspect « omelette norvégienne ». C'est la première fois qu'on utilise une image gastronomique pour me parler d'une affaire aussi pédagogique. Mon étonnement amuse Arthur. Mais il défend son morceau : « C'est chaud et froid, le "Temps choisi", ça a l'air super cool de dehors mais, dans le fond, tu n'as que le choix de travailler, à ta manière, à des moments qui te conviennent, mais tu ne peux pas te reposer. » Ce genre de résumé ne se trouve pas dans des prospectus et dépasse largement un discours étudié par cœur pour convaincre un recruteur. Arthur sent ma bonne disposition à son égard, alors il en remet une couche. Il sait, par des anciens élèves d'ici, que nos principes sont bons. Il pourra développer son projet de vie. Ses parents le voyaient manutentionnaire, l'ouverture sur l'université change tout. Et si ses renseignements sont bons, les profs du « Temps choisi » annihilent l'intériorisation de l'échec et conduisent les élèves à s'identifier positivement. Dans un tel contexte, n'importe qui retrouverait goût au travail, après une petite réadaptation par étapes.

Professeur Arthur

Il n'est pas question de donner une réponse immédiate à Arthur. Le retour à l'école ne peut pas dépendre d'un enthousiasme, copieusement brouillé par les préjugés qui pèsent sur ma fonction. Je le dirige donc vers Armelle Barral, qui partage avec moi le capitanat du navire le « Temps choisi ». Ensuite, nous parlerons d'Arthur. Il faudra notamment séparer la part de l'esbroufe de celle de la sincérité, sachant que tout jeune a le droit de jouer le personnage qui lui est le plus commode pour exprimer son désir d'étudier. Notre préoccupation ne concernera donc pas cet aspect des choses. Il nous faudra aller en profondeur, avec un seul souci : ne pas embarquer Arthur dans une nouvelle galère. Sa demande est confuse. Veut-il le bac L ? Cherche-t-il à calmer ses parents ? N'attend-il qu'une bande de jeunes autour de lui ? Donc, sa candidature restera sur la sellette, durant les quelques jours qu'il nous faudra pour peser le pour et le contre. Le point positif est sa volonté de suivre une scolarité, pour être comme tout le monde. Cet aspect paraît plus développé que la simple préoccupation de ne pas décevoir les parents. Si Arthur manifeste fort peu d'attrait pour les connaissances, c'est qu'il pense avoir fait le plein en Orient. En ce domaine, je sais que Sylvain, le prof de philo, Antoine, celui d'histoire, et tous les autres le retourneront comme une crêpe. En revanche, je reste convaincu que sa demande de retour à l'école est authentiquement existentielle. Il a besoin de revenir en classe pour être lui-même.

J'exprime largement cette conviction devant Armelle. Elle est provençale. Entre Méridionaux, nous faisons souffler mistral et vent d'autan pour soulever toutes les éventualités. Arthur ne confond pas le « Temps choisi » avec un vulgaire instrument à faire la moyenne au bac. Il n'est pas non plus obnubilé par la nécessité de disposer d'un certificat de scolarité pour les allocations, les bourses ou une carte de séjour. Nous sommes d'accord. Arthur fera partie de la prochaine promotion. Le courrier part immédiatement.

Un an plus tard, il ne nous a pas déçus. Sans doute est-il de ceux qui ont tiré le meilleur d'eux-mêmes à partir de nos classes. Aujourd'hui, il est bachelier et étudiant en pédagogie, à l'étranger, mais pas à Katmandou. Est-ce un signe, comme cette enfant handicapée d'un pied, devenue danseuse étoile pour dépasser le mauvais sort ? Arthur, l'ancien cancre, va-t-il devenir prof ? Lors d'un retour en France, il tapote à ma porte, « comme avant ». Il me parle de sa satisfaction d'en avoir bavé pour décrocher « ce putain de bac ». Il est fiancé. Et, bien entendu, il fondera une famille. Mais lui, monsieur, il ne gavera pas ses moutards avec l'école. Je ris grassement et le traite affectueusement de « grand couillon ». Ça lui fait plaisir. C'est un grade qui est réservé aux loustics qui m'ont donné des frayeurs, de ceux dont on se dit qu'ils pourraient à tout moment nous claquer dans les doigts.

Il est en train de rédiger un mémoire sur « l'échec scolaire ». Je me gausse, il le prend de qui ça vient, mais il cherche un échange entre spécialistes. Alors il me raconte que, d'après son échantillon de quelques centaines d'adolescents, on voit quatre genres de laissés-pour-compte de l'école. D'abord, les hantés par la peur de ne pas préparer l'avenir. Ensuite viennent les envoûtés par le désir d'être normal. Ceux du troisième acabit ne pensent qu'à leur statut de descendants, de fils ou de filles, ayant pour seul objectif de rester dignes de leurs parents et de tous leurs ancêtres. La dernière catégorie est la seule qui a peur de l'ignorance. En conclusion, le professeur Arthur m'assène l'hypothèse de son mémoire : « L'école ne s'intéresse pas au désintérêt des élèves pour leurs études. Ce ne sont pas les enfants qui sont la substance de l'enseignement, mais les obsessions des grandes personnes. » C'est une idée qu'Arthur veut frotter à mes méninges, sur le mode sarcastique, comme à son habitude. C'est sa manière de me dire qu'au lycée du « Temps choisi », il a eu l'impression, non pas seulement de préparer son bac, mais de faire le point sur lui-même.

D'ailleurs, spontanément, d'homme à homme, il se livre. Il n'y a pas si longtemps, Arthur prenait ses désirs pour la réalité et, lorsqu'il était enfant, ses parents flattaient toutes ses utopies, parce qu'ils ne parvenaient pas à réaliser les leurs. Il a craqué sous le poids de la mission qui lui était assignée. Aujourd'hui, il se donne dans l'action, sans concessions pour les égoïsmes. Pourtant, il rejette la politique. Il faut dire qu'en Asie, ses parents, jadis, n'ont vu que Mao, lui n'y a découvert que son ego. Signe des temps, il abomine toutes les adulations de nature à dissoudre l'individu dans les pouvoirs des personnes, des institutions ou des lobbies. Mais il cherche une sérénité, en évitant la facilité des convictions, des croyances et des opinions. C'est bien lui. Jamais au bout de soi, toujours auprès des autres.

4

Béatrice, quand les meilleurs craquent

Quand je la rencontre pour la première fois, Béatrice me dit qu'elle n'a pas eu d'adolescence. Celle-ci s'est dissoute entre les murs blancs des hôpitaux, au fil de trop longues années volées à son enfance. Le calvaire a commencé durant les années collège, quand cette grande brune, dont le physique fait penser à une version sage de Lou Doillon, comblait ses profs et ses parents grâce à ses talents et à son allant. Quand elle en parle, elle résume d'une voix douce, en quelques secondes et avec une précision presque clinique, le basculement de son existence. La rémission, cependant, est engagée. À dix-neuf ans, Béatrice est une rescapée, si l'on préfère, une Belle au bois dormant qui vient de se réveiller, comme après un trop lourd sommeil, fragile, brillante et belle, mais qui ne s'aime pas encore assez pour vivre bien. Béatrice revient à la vie, aux autres et à l'école, après six ans d'une lourde anorexie. C'est un ami de la famille qui a parlé à ses parents du lycée Jean-Lurçat et de ses classes pour élèves décrocheurs.

Telle une fée, Béatrice réussit tout ce qu'elle touche

La maladie de Béatrice n'a pas de cause palpable. Comme une infection, elle s'insinue dans l'esprit et le désolidarise du réel pour lui faire prendre une liberté dangereuse. Rien ne sera plus comme avant. C'est une descente dont on revient, mais qui laisse des stigmates pour longtemps. Tous les projets tombent à l'eau et la dépréciation de soi fait d'infinis ravages dans le cœur d'une adolescente et dans celui de ses parents. La torture est double. Il y a la souffrance de la dégringolade, mais aussi celle des remords car, précisément, comme la maladie n'a pas de raison matérielle, on se dit qu'il suffirait d'un peu de volonté pour s'en sortir. Or ce n'est pas le cas. L'absence de cause extérieure ne donne aucun pouvoir au malade sur les symptômes. En plus, quand la pathologie frappe une très bonne élève, une hypothèse parcourt tous les esprits : le surinvestissement de l'école ne casse-t-il pas les enfants ? Certes, tout parent se reprocherait jusqu'à la tombe d'avoir négligé un talent ou une simple capacité de travail mais, si la santé flanche, l'ambition et la réussite font figure de massacre.

« En début de troisième, j'ai été hospitalisée. De 42 kilos je suis descendue à 28 kilos, pour 1,71 mètre. À l'époque, je n'étais bien nulle part. Quand j'étais à l'hôpital, je voulais être à la maison. Et quand j'étais chez moi, je voulais retourner à l'hôpital. Je ne me sentais pas anorexique, je ne voulais pas me rendre compte. Dans une maladie, on se ment tout le temps, à soi et aux autres ! Je pensais m'en sortir très vite. Ma vie, c'était la flûte traversière. Je voyais les choses en grand, je pensais au Philharmonique de Berlin. Tout le monde m'encourageait. Il y avait beaucoup de pression, je le sentais bien, mais j'aimais ça. Pas question de me faire hospitaliser pour plus d'une année. Tout aurait été foutu ! Mais j'ai dû y passer. Le plus dur, ça a été la séparation avec les parents. Je suis restée deux ans et demi sans les voir du tout. J'ai fait sept ou huit tentatives de suicide. Jusque-là, je n'avais connu aucun échec. »

Béatrice, l'excellente élève, a commencé l'école à deux ans et demi, à Strasbourg. À la maternelle, tandis que tout le monde faisait la sieste, elle, elle ne dormait pas, sauf si la maîtresse s'allongeait avec elle. Au CP, elle lisait parfaitement. Et attendait avec impatience que le meilleur élève du groupe, chargé de distribuer les cahiers, tombe malade afin de lui voler le rôle titre. « J'adorais lire, j'étais inscrite dans une bibliothèque, j'avais plein de livres chez moi. Je crois que ça me vient de mon père. Ingénieur de formation, il est devenu ensuite avocat. Il travaille dans le domaine des brevets. Il est bac +13. Quand on regardait l'émission *Thalassa* par exemple, on consultait les encyclopédies. J'ai gardé cette habitude, quand je ne connais pas un mot, de regarder dans le dictionnaire… »

Odile, la mère, pense que Béatrice n'était pas loin d'être une surdouée ; sa fille faisait en classe ses devoirs pendant que les autres peinaient. Béatrice, telle une fée, réussissait tout ce que sa main touchait : le piano, la flûte traversière, une vraie passion qui, dès le CE2, la conduira dans une école musicale à horaires aménagés. Le matin était consacré aux cours, l'après-midi au solfège, à la chorale et à la pratique de l'instrument. Un régime réservé aux très bons élèves. Le soir, malgré la fatigue, il faut encore et toujours travailler l'instrument. Béatrice a poursuivi cette scolarité sans heurts jusqu'à la troisième, dans une course effrénée à la perfection.

Et les autres ?

Béatrice a cependant rencontré très tôt une difficulté majeure : son rapport aux autres. Entre sa réussite dévoreuse d'enfance et son douloureux isolement du monde, la fillette a pourtant tenté de se ménager un chemin. « Je ne pouvais jamais être seule comme je le souhaitais. À chaque fois que je faisais de la flûte, ma mère était dans le salon avec moi, elle me disait : "C'est pas bon." L'instrument, c'était ma vie et je ne voulais pas partager ce bonheur. Je ressentais le besoin d'être seule. » Enfermée dans son exigence, en quatrième, Béatrice croit avoir rencontré l'amie de ses rêves, mais elle demeure encore et toujours la cible des moqueries des autres.

Si la relation à la musique est immédiate, il n'en est pas de même avec les camarades du même âge, quoique la musique, précisément, serve parfois d'édulcorant existentiel. « À neuf ans, je me suis mise à la flûte. J'étais prête à délaisser le piano pour être davantage avec les autres et travailler en orchestre. Mais tout le monde me faisait du mal. J'étais tellement différente à cause de mon projet. Je travaillais la flûte en moyenne quatre heures par jour et jusqu'à quatorze heures, pendant les stages. Les autres voyaient que je n'étais pas comme eux. En plus, j'avais des lunettes et, jusqu'à quatorze ans, ma mère m'habillait en jupe, alors que tout le monde portait des jeans. »

Les jupes ringardes et les lunettes imposées par les canons trop rigides de l'esthétique maternelle n'expliquent pas tout. Exceptionnelle, la musicienne pétille en classe. Dans cet univers de la norme, elle brille, mais dérange et indispose tout à la fois. « Je participais beaucoup en classe, je posais toujours des questions. Je suis curieuse. Les autres élèves n'acceptaient pas, ils voulaient le cours le plus rapide possible. Certains me prenaient pour une fayotte. Et certains profs me disaient : "Je ne t'interroge pas, tu sais déjà la réponse." Le système n'est pas fait pour ceux qui s'intéressent aux choses et qui aiment l'école. Or moi, j'ai toujours cherché à avoir la note la plus proche de 20 sur 20. Et j'ai toujours eu des questions à poser. »

Le prix de l'excellence

Dans un milieu social où l'élitisme ne laisse aucune place à l'incident de parcours, Béatrice entrera dans un établissement réputé de Versailles, où elle habite. Dans ce secteur, toutes les écoles sont considérées comme étant de très bon niveau, mais son établissement a une réputation qui le range parmi les plus prestigieux de France, parmi les plus durs aussi. « Dans notre milieu, précise la mère, tous les amis font Polytechnique ou Saint-Cyr. Nous étions très contents que notre fille aille au collège-lycée Hoche. Je suis entrée dans ce jeu, explique Odile. Quand on voit que son enfant travaille bien, marche toute seule et surpasse les autres, on a envie de le pousser ! Nous étions très fiers que Béatrice soit très bonne en flûte et en classe. Un vrai bonheur. Quand elle ramenait un 16 sur 20 en allemand, je disais, sur le ton de la plaisanterie : “Tu as raté le 17.” Avec le recul, je pense que c'étaient des paroles malheureuses. »

Les classes qui regroupent les petits génies de la musique sont de véritables jungles où chacun cherche à dominer ses concurrents. Les jeunes lambda ne se pardonnent déjà rien entre eux, alors on peut imaginer l'ambiance lorsqu'ils croient appartenir à l'élite. « C'est un panier de crabes. On écrase l'autre pour passer devant. C'était à qui réussira le mieux », analyse rétrospectivement la mère. Quelqu'un d'introverti comme Béatrice n'y avait pas sa place. Dans l'effondrement d'un excellent élève, on ne peut pas oublier la sale mentalité de ses alter ego. Parfois, l'envie de gagner éteint toute camaraderie sincère et tout esprit collectif. L'arrogance conduit les leaders à prendre les autres pour des adversaires, voire des ennemis. De plus, la manière dont on traite les enfants performants, pour en faire des virtuoses, noircit leur âme. Le roi n'est plus leur cousin. Pourquoi auraient-ils un seul ami ?

Ce n'est pas sous cet angle que les parents voient les choses. Avant tout, ils jubilent au vu de l'expertise des profs, des exigences draconiennes ou tout simplement de la notoriété de l'établissement, des milieux huppés dont sont issus les autres élèves. La satisfaction confine parfois à la béatitude, quand la famille d'un bon élève pense que ses performances scolaires fonctionneront comme un philtre, annonçant une ascension sociale fantastique. Cette croyance favorise l'adhésion des parents à la terrible sélection des jeunes. La justification en est simplette. D'abord, la famille se dit que son enfant va se retrouver sans cesse parmi les élus et non dans le camp des éliminés. C'est déjà là une première distinction emblématique puisque l'enfant est, dès maintenant, dans les meilleures classes. Ce dernier avantage est loin d'être négligeable, si on le relie aux informations usuelles circulant sur l'école en France, avec sa perpétuelle baisse de niveau, sa violence, ses hordes de sauvageons et ses profs incompétents ou dépressifs. En définitive, même si un enfant n'a ni une oreille musicale ni un talent instrumental, certains parents le poussent tout de même dans une classe spécialisée, non pour en faire un soliste mais pour lui éviter les dysfonctionnements habituels du cursus ordinaire. Le jeu en vaut-il la chandelle ? Certes, l'enfant se retrouvera avec des clones. Seront-ils, pour autant, de bonnes fréquentations ?

La musique favorise une orientation scolaire pour initiés appartenant aux classes moyennes supérieures. Les familles sont rassurées par le filtrage social de l'entrée, les us et coutumes sont solides, les archaïsmes rassurants, les pédagogies à l'abri de toute émotion. Triste sort réservé au solfège, comme le latin ou l'allemand en leur temps. Il sert d'alibi à une intronisation dans l'école publique de certaines couches sociales très antiégalitaires. Pour s'en convaincre, il suffit de vérifier l'origine des élèves selon qu'ils postulent pour les sections musicales ou les classes sport-études. Ces dernières restent très accessibles aux milieux modestes.

Quand les parents surinvestissent les études

Les classes artistiques doivent faire avec les fantasmes des parents. Ils n'exigent pas seulement que les études instruisent leurs enfants, ils veulent qu'elles les propulsent dans une carrière. C'est le vœu de tous les parents. Ce n'est donc pas le fond de l'école républicaine qui change entre une section « musique » et une section « plomberie », mais l'objectif de l'enseignement. Pour cela, il suffit de nuancer l'idée de réussite. Si l'ambition est qu'un élève de BEP passe en bac pro puis en BTS pour devenir technicien supérieur, la fonction élévatrice de l'instruction est aussi efficace que si l'intention est de faire un prix de conservatoire, puis un soliste, avec un lycéen de seconde « option musique ». Un dicton affirme que, pour briller à la cour, il faut briller à sa place. L'école assure la promotion de tous, mais chacun dans sa catégorie. Les études font progresser tous les élèves. La question est : d'où à où ?

Nous connaissons aujourd'hui le secret du succès scolaire : il tient aux ascendants. Par exemple : un père ingénieur et une mère chef de clinique, puis quatre grands-parents cadres supérieurs, magistrats. Dans les autres cas, il faut compter sur les aberrations de la reproduction sociale, qui permettent régulièrement à des enfants de commerçants, de professeurs ou d'employés, dont les aïeux sont paysans ou prolétaires, de réussir tout de même. La famille de Béatrice a un profil type pour générer une bonne élève. L'activisme de sa mère ne peut qu'amplifier une situation objectivement positive. Le risque que l'on devine cependant, c'est l'impasse qui est faite sur le bonheur. Seule la satisfaction de gagner est assimilée à la joie de vivre ; on ne voit pas, dans ce type d'éducation, une quelconque capacité à dépasser les déceptions et les échecs. Béatrice est un automate remonté pour la réussite. Elle est toute à ses études et, pire, ses études sont tout pour elle. Cette fusion entre ce qu'elle fait et ce qu'elle est fera son malheur.

En pareil cas, les parents sont aveugles. De leur point de vue, une scolarité d'élite est toujours un profit. Même si leur enfant ne s'y épanouit pas subjectivement, elle profitera d'une poussière d'étoile grâce à cette fameuse ambiance propice au travail et mettant à l'écart tous les dangers qui guettent la jeunesse. La famille n'est pas détraquée ou cruelle, c'est son devoir de donner à son enfant la possibilité de révéler toutes ses capacités. Cette volonté de réussite à tout prix met au second plan tous les inconvénients induits : les emplois du temps surchargés, la focalisation de toute la vie sur les études jusqu'à la disparition progressive de la gaieté de Béatrice. Les parents sentent que quelque chose ne marche pas, mais ils ont intériorisé une conviction : leur enfant pourrait ne plus les aimer, s'ils ne le poussaient pas. L'idéologie du dépassement les transforme en éleveurs de champion.

L'antidote au surinvestissement qui s'est focalisé dans le cas de Béatrice sur un type d'étude extrêmement sélectif, c'est le développement d'un contre-projet réaliste et honorable. Mais, souvent, les adultes craignent que le procédé porte malheur. On ne saura jamais si Béatrice aurait pu éviter tant de souffrance si, depuis le début de sa scolarité, ses parents et ses profs l'avaient aidée à formuler un destin de rechange. Pourquoi ne renverse-t-on pas la peur de l'échec ? Par exemple, la pensée parentale prend habituellement un chemin descendant : nous aimerions qu'il devienne médecin ; s'il n'y parvient pas, il faudrait, au moins, qu'il soit professeur de biologie. Quelle déception s'il se retrouve laborantin ! Le moral serait meilleur à l'arrivée si la famille avait inversé sa réflexion, en développant une problématique ascendante : nous accepterions aisément qu'il soit laborantin ; si, chemin faisant, les résultats scolaires sont au rendez-vous, nous envisagerons l'enseignement ou la médecine. Rétrospectivement, la mère de Béatrice pense qu'elle et son mari ont été naïfs.

« On se dit que ses enfants auront une vie meilleure grâce aux études. On ne pense pas qu'ils peuvent s'écrouler psychologiquement. On ouvre les yeux parce qu'il arrive des tuiles. »

De Versailles au XIIIe arrondissement

Béatrice a été confrontée à un gouffre sociologique en arrivant au lycée Jean-Lurçat. Elle n'aurait jamais cru qu'un tout petit ticket bleu ciel de RER, entre Versailles et Austerlitz, fasse si aisément changer de monde, de civilisation et d'idée sur l'école. Le saisissement est-il plus fort face à des camarades dont certains ont des parents chômeurs ou pas de parents du tout que face à des ados rompus au surmenage de pères évalués en dollars, tandis que les mères veillent à la douceur des mètres carrés d'un appartement haussmannien ? Les « classes de rêve » du lycée accueillent un quart d'adolescents que des lycées orthodoxes, voire intégristes, ne savent plus instruire alors qu'ils les avaient triés sur le volet parmi de nombreuses candidatures. Quand les établissements réputés voient que leur méthode de recrutement est inefficace, ils se retournent sans vergogne vers les parents qui ont tant insisté pour avoir une place et leur demandent de trouver une solution, pour libérer ladite place au plus vite. Le procédé n'est pas anodin, c'est une année de la vie d'un adolescent qui est en jeu, parfois aussi la dévastation d'un pan de sa jeunesse et le renversement d'une famille.

Le décrochage de Béatrice est particulier puisque, contrairement à beaucoup de lycéens d'ici, elle n'a jamais eu de lacunes ni de conflit avec les profs. En revanche, elle partage avec eux d'avoir cru au père Noël. Dans cette légende, on trouve une explication au mal d'école. D'abord, les bambins jouent le jeu. Les parents l'entretiennent (lettres écrites au père Noël, photos avec lui...). La société entière est derrière (commerces, médias...). En prenant de l'âge, les enfants cachent leurs doutes et les plus délurés sont sommés de ne pas saper le moral des plus crédules. Mais, à un moment donné, la vérité éclate. Pour la croyance en l'école, le schéma est identique. Une foi démesurée dans les diplômes, les filières, les options et les notes, avec la promesse d'un paradis, revêt deux inconvénients. D'une part, cette croyance est fausse : même si l'on réussit, on reste sur terre. D'autre part, elle est dangereuse car, si l'on échoue comme élève, on n'existe plus comme personne. Le père Noël a rencontré Jules Ferry. À trop promettre le bonheur par la magie des études, les parents contribuent à une élucubration. Certes, c'est une version acceptable de la méthode Coué, pour motiver nos chères têtes blondes. Mais, au-delà, la surdétermination de l'excellence scolaire ne discrédite-t-elle pas leur parole, ne pulvérise-t-elle pas la hiérarchie entre le vrai et le faux ?

Notre hypothèse est sommaire : l'échec et le décrochage sont des moyens pour l'élève de vérifier que l'école n'est pas une affabulation. Passer derrière le miroir, cesser d'y croire, observer la frayeur de l'entourage, voilà une belle revanche.

La « phobie scolaire » qui sera diagnostiquée chez Béatrice, maladie dont la médecine commence à dessiner les contours, serait-elle, partiellement, une forme de syndrome du pot aux roses ? L'adolescent découvre simplement que l'école n'est ni merveilleuse ni magique et que la seule chose tangible qu'on y trouve, c'est le labeur des élèves et la satisfaction du désir des parents. Comme le jour où le père Noël disparaît au profit du marchand de jouets, tout élève sent le poids de cette vérité. Lorsqu'un enfant pousse le portail de la maternelle, c'est pour devenir chercheur, virtuose, explorateur, journaliste, heureux, riche, beau et célèbre. De la petite section au baccalauréat, il découvrira progressivement que le traîneau du père Noël contient aussi des panoplies de guichetiers, de balayeurs, de laborantins, de chauffeurs, de pauvres erres, de gros, de moches et d'anonymes.

Du narcissisme à l'altruisme

Après six ans de maladie et quelques thérapeutiques décevantes en internat médicalisé, la famille vient de traverser d'insondables épreuves, apportant le pire mais aussi l'espoir. « L'anorexie guérit, dans 40 % des cas, totalement. Il faut se battre, en se disant qu'on n'a pas le droit de baisser les bras, dit la mère de Béatrice. Ce qu'il y a de pire, c'est voir son enfant souffrir, sans pouvoir rien faire, en se demandant si, un jour, cela va s'arrêter. On voit d'autres familles marquées par le suicide de leurs enfants. C'est extrêmement dur. Mais on repart. » La réflexion d'un médecin, devant Béatrice, reste, alors, comme une marque au fer rouge : « Votre fille est totalement incapable de faire des études. » La mère s'engage elle-même dans une psychothérapie.

Aujourd'hui, Béatrice remonte la pente. « J'ai eu dix-huit ans, je ne sais pas ce qui s'est passé mais j'ai vraiment eu envie de m'en sortir, expose-t-elle. Je ne sais pas d'où cela m'est venu. Peut-être qu'à force de mettre des mots dessus, on prend conscience. On se dit : “Qu’est-ce que je fais là ?” On se réveille comme après une nuit de sommeil. C’est un mieux, puis il y a un déclic, mais lequel ? À l’hôpital, j’ai tout de même vu l’enfer : il y avait des mecs fous, l’un d’eux avait tué son père parce qu’il avait entendu des voix. On m’enfermait le soir, pour que je sois en sécurité et que personne ne rentre dans ma chambre. Il fallait que je m’en sorte. Je me suis dit que tout le travail que j’avais fait avant la maladie, il ne fallait pas le gâcher. J’ai repris la flûte, sans vraiment récupérer mon niveau. Il me faudrait six ans pour cela. »

Du côté de la scolarité proprement dite, Béatrice a reçu, dans le milieu hospitalier, quelques cours de mathématiques et de français. Les soins prévoient également des stages. Précisément, elle en déniche un, en maison de retraite. Une expérience très positive. « Cela m’a beaucoup plu car j’aime bien les personnes âgées. Je les aidais à se laver, etc. » Cependant, le verdict de son psychiatre résonne encore dans sa tête : « phobie scolaire ». Justement, il faudrait vérifier. Béatrice se rend sans tarder au lycée Jean-Lurçat qui l’accepte, au mois de décembre, dans un programme mêlant cours et stages. Odile, sa mère, découvre elle aussi, agréablement surprise, cette nouvelle chance. Elle trouve l’équipe très à l’écoute.

Elle voit, lors du premier conseil de classe, des jeunes qui osent dire pourquoi ils ne sont pas bien, pourquoi ils ne vont pas en classe, sans honte, ni agressivité. « Je me suis dit que, dans cet établissement, ils devaient faire des merveilles. »

Loin du modèle des lycées versaillais, celui-ci n'en est pas moins un vrai lycée : on y prépare le bac, Béatrice n'y perdra pas son temps, pourvu qu'elle tienne le coup et qu'elle ne soit pas trop fatiguée. « C'est l'enfant des extrêmes. Quand elle fait quelque chose, elle le fait au-delà de la normale, on n'arrive pas à la réfréner. Béatrice, c'est comme le ciel : le grand bleu ou l'orage. » Il faut renouer avec l'habitude d'aller en classe, prendre sur soi, produire pour cela des efforts surhumains. « Ce qui est compliqué, c'est que je n'ai rien fait pendant six ans. J'ai moins de mémoire à cause des médicaments. Il y a toute une gymnastique à reprendre. J'essaie de me concentrer en cours pour avoir moins de choses à faire chez moi. J'essaie aussi de faire les ateliers proposés au lycée : celui sur la presse rejoignait le programme d'histoire, c'était intéressant. Je me lève, selon les jours, à 4 h 30 ou 6 h 30. Je suis fatiguée, parce que je suis toujours en traitement, avec des neuroleptiques, des anxiolytiques et des antidépresseurs. Mais j'y vais quand même. Ce que j'ai appris, avant ma maladie, est resté dans l'ensemble, mais il y a des choses que je zappe. C'est le cas de la physique. On a beau m'expliquer dix fois, je peux apprendre le cours parfaitement, je ne retiens rien. Sinon, je n'ai aucun problème. »

Immédiatement après son arrivée au lycée Jean-Lurçat, Béatrice s'est contentée d'aller en classe, incapable de faire des devoirs ou de plancher sur les cours, ce qui ne cessera d'inquiéter ses parents : « Comment réussir sans potasser encore et toujours, penché sur les livres ? » Le soir, la fatigue a repoussé pendant plusieurs mois l'envie de travailler. Le manque de concentration, énorme, ralentira encore pour un temps l'enthousiasme. Mais le mouvement est lancé, les réflexes ont commencé à revenir et Béatrice a le sentiment de s'être de nouveau détachée du peloton. « J'ai l'impression qu'on travaille moins bien à l'école que par le passé. Les élèves d'il y a dix ou vingt ans étaient plus sérieux. Je connais une petite fille de huit ans et demi qui sait à peine lire. Ici, certains élèves ne savent pas faire $3x + 3$ et mettre en facteur. » On ne refera pas Béatrice. C'est bien elle qui redémarre !

Elle a d'abord effectué un stage dans une clinique vétérinaire. Puis elle a trouvé une place de bénévole à la SPA. Mais elle s'est fait mordre par un chien et a arrêté tout net. Qu'importe, elle sait désormais où sont ses centres d'intérêt. Une association qui soigne des chats l'accueille, elle aussi, pour son plus grand bonheur. Vient ensuite un nouveau stage d'observation, aux urgences de l'hôpital Bichat, l'un des grands CHU parisiens. Un projet professionnel se dessine désormais. « Je voudrais devenir infirmière. Pendant le stage, j'ai pris la tension des malades, j'ai répondu au téléphone, j'ai lavé des SDF. C'était intéressant. J'aimerais la psychiatrie car, lorsque j'étais hospitalisée, les infirmières étaient adorables. »

Dans ce lycée différent, la manière dont les profs se comportent convient à Béatrice. Elle aime qu'on s'occupe d'elle, tout en souhaitant qu'on ne s'occupe pas uniquement d'elle. Tout n'est pas en ordre encore dans sa vie d'adolescente, devenue adulte sans l'avoir vraiment voulu. Pour l'année prochaine, Béatrice s'est inscrite dans un lycée privé qui prépare au baccalauréat Sciences médico-sociales, prélude à une école d'infirmière. « Ce qui est dur pour moi, c'est de me dire que j'ai dix-neuf ans et que je suis en seconde. Il m'arrive de mentir à cause du jugement des autres. Je me dis parfois que je suis une tache. Je n'ai pas envie qu'on me prenne pour quelqu'un qui était nul avant sa maladie. Cette idée ne me quitte pas. Il faut que je m'en sorte. Mes parents m'encouragent, mais c'est difficile. Ils ont peur pour la rentrée. J'aurais 40 heures de cours par semaine, ce ne sera pas le même rythme. »

Béatrice se sait donc encore très fragile, soumise à des hauts et à des bas. Il n'y a pas si longtemps qu'elle a quitté ses lunettes. Elle se sent quand même un peu bourgeoise. Elle fait partie, depuis peu, d'un groupe de prière catholique et y a rencontré des amis. Dans ce cadre un peu particulier, il règne, selon elle, un bon esprit. Béatrice ne s'y sent pas jugée. Ni sur son passé, ni sur son avenir. « Avec eux, si tu chantes faux ou si tu n'as pas envie de rigoler, ce n'est pas grave. Ils viennent vers toi établir le contact. Au début, j'ai trouvé ça un peu bizarre, mais j'aime beaucoup. J'y vais tous les mercredis soir et aussi le jeudi soir. On part à la rencontre des SDF, on leur apporte un café, on les fait parler un peu. Mes parents étaient morts de trouille. Ils s'inquiètent encore beaucoup pour moi et moi, je suis préoccupée de mon avenir. J'aimerais tomber amoureuse, pour voir ce que cela fait. Cela m'inquiète de ne pas avoir de copain. J'ai dix-neuf ans, quand même. J'aimerais aussi tellement prendre mon indépendance. Maman voudrait que je coupe le cordon avec elle mais, en même temps, elle me retient un peu, comme je suis la dernière fille. J'aimerais avoir mon petit chez moi. »

Odile a appris, au fil de ces douloureuses années, qu'elle devait laisser partir sa fille. Les passages en internat médicalisé ont offert cette coupure. Mais, confie-t-elle, « j'en ai encore un peu peur ».

Le regard de Béatrice est rayonnant. Elle papillonne dans la vie comme les doigts d'un flûtiste sur le corps de l'instrument. Pourtant, il y a peu, l'existence de Béatrice n'était qu'un immense couac. Sombre histoire d'ambition brisée… Si son enfance avait été plus frivole, son adolescence se serait-elle passée différemment ? Bien malin celui qui prouvera que c'est une overdose de sérieux qui a fait craquer Béatrice ! Mais le simple fait de poser la question met le ver dans le fruit et c'est exactement ce qui explique cet étrange bonheur d'aujourd'hui. Béatrice a renoncé à tout ce qui était elle-même et pourtant elle se retrouve. En pareil cas, un lycée paraît bien peu de chose dans une vie. Et pourtant…

5

Basile, un petit dur si fragile

À maman gâteau, vilain marmot

Les jeunes se servent parfois de l'école pour faire tourner leurs parents en bourrique. Basile traîne sa mère dans mon bureau pour manigancer une démission de son établissement actuel où il ne se plaît plus. Le farceur n'est pas un décrocheur mais plutôt un emmerdeur. Pour ne pas admettre une telle vérité, toute mère accusera la terre entière d'en vouloir à son chérubin. Cette attitude a du bon, elle est pétrie d'affection et le vaurien s'en repaît. L'inconvénient, c'est que la famille voit l'école comme une ennemie et, à force de nier l'évidence, Basile est devenu une caricature : phraseur, râleur, arrogant, impoli. Il revendique quasiment ce personnage en creusant ses fossettes d'une moue insidieuse. Il n'a pas du tout l'intention de se laisser faire par toute la piétaille qui le juge, notamment les professeurs.

D'ailleurs, s'il est dans mon bureau, c'est bien pour leur en remontrer. Ils ne le feront pas fléchir. Je lui donnerai raison sur toute la ligne, moi qui comprends si bien les petits génies de son espèce. La mère débite sa plaidoirie. Elle dissèque les notes de Basile. Son instinct maternel lui inspire mille circonstances atténuantes. Ce 8 sur 20 en maths ? C'est que dans la famille, personne n'est matheux. Ce 4 sur 20 en anglais ? Le prof n'a pas été remplacé ! Pour le 6 sur 20 en français, Basile a de bonnes idées, mais le plan flotte un peu parce que le prof ne donne aucune méthode intelligente. Quant à la géographie, 7 sur 20, Basile avait une migraine le jour de l'interro. De fil en aiguille, il ne reste « qu'un problème d'appréciation en gym, mais ce n'est pas important la gym ». L'indulgence de la mère est sans limites, à telle enseigne que je ronge mon frein, poliment, en inspectant le bulletin de Basile, ce que d'habitude je ne fais jamais. Il faut bien prendre une contenance de proviseur parfois.

Au nombre effarant d'absences répertoriées avec une minutie d'apothicaire, le premier réflexe de la maman poule est de nier en bloc. Son Basile n'a jamais manqué un seul cours ! C'est une erreur de l'administration ! Pourtant, le plaisantin tout penaud m'explique que les profs n'arrivent jamais à l'heure ;

donc, lassés d'attendre, les élèves partent un à un. Du coup, quand le prof se pointe enfin, il se venge en dressant la liste des fuyards. Madame opine du chef avec satisfaction. Elle est rassurée. Basile est bien la victime expiatoire de mauvais fonctionnaires tatillons. Les profs sournois ont attendu la fin du trimestre pour attaquer, en se gardant bien de faire une quelconque recommandation auparavant. Le conseiller d'éducation ne téléphone pas aux parents. Ce sont tous des fourbes qui font des sourires mielleux par-devant puis qui démolissent les élèves en conseil de classe. Basile est un bouc émissaire, alors qu'il a bon fond. Tout au plus se cherche-t-il, comme tous les jeunes de son âge. Elle vient donc l'inscrire ici.

Remontée comme un ressort, la mère me demande des explications sur le niveau des petits camarades, le prix de la cantine et le taux de succès au bac, tandis que son galapiat sourit benoîtement, en se régalant de la bonne blague qu'il est en train de jouer à son établissement. Les profs cherchaient à l'épingler, il leur file entre les doigts. Il leur mettra sous le nez son admission ici. Et toc ! Le ton de Basile ne me trompe pas. Il peut recouvrir une profonde détresse, inutile de s'en offusquer. Cependant, je me dois de préciser la donne. On ne s'impose pas ici, on choisit une manière de continuer ses études, pas une astuce pour échapper à celles que l'on poursuit ailleurs. Rien dans le portrait de Basile ne justifie une urgence. Les « classes de rêve » ne sont pas faites pour satisfaire les caprices des énergumènes qui ont usé toutes leurs cartouches dans les autres établissements. Il n'est pas question de cautionner la débandade. Les jeunes sans école, oui. Le jeunisme en faveur des saboteurs de cours, non. Assise sur une fesse, la mère prend mon réquisitoire de plein fouet. Et, sans cruauté, je suis bien obligé de lui expliquer que je pense, du haut de mon expertise, que son fils n'est qu'un simple garnement, spécialisé dans les bavardages incessants, les airs de deux airs, les faux et usages de faux, le cumul de retards, le mauvais esprit, les réponses du tac au tac et les absences en gym… Subitement, je passe pour un rond-de-cuir renfrogné.

La *mater dolorosa* ne désarme pas. Comme elle n'a pas su m'attendrir sur les prétendues souffrances de son enfant, elle va tenter l'analyse institutionnelle. L'établissement de Basile ne s'intéresse qu'aux élèves travailleurs, appliqués et ponctuels. C'est un peu comme si un hôpital ne se consacrait qu'aux gens en bonne santé ! Elle stigmatise les multiples carences de l'Éducation nationale en récitant le catalogue des arguments largement développés par les enseignants eux-mêmes : classes trop chargées, emplois du temps mal faits, manque de matériel, hiérarchie passéiste, programmes inadaptés… Comment son fils pourrait-il réussir dans de telles conditions ? Basile en reste sidéré. Il ne se doutait pas que ses études l'exposaient à des dangers aussi lourds. Je n'entre pas dans ce badinage. Quelque chose m'échappe. Pourquoi continuer une discussion puisque le cas de Basile ne correspond pas à ce que nous savons faire ici ? Mais on peut revenir me voir si la donne change.

Pas décrocheur, mais empêtré

Quelques semaines plus tard, Basile se retrouve dans mon bureau, sans sa mère. Rien ne va plus. Un conseil de discipline se prépare. Il ne l'a pas annoncé à la maison. Sa mère l'a toujours soutenu mais, cette fois, elle risque de le lâcher. Il n'a pas le moral. Son arrogance laisse la place à un immense désarroi. Sans diplômes, l'avenir est bouché. Un redoublement lui pend au nez. « Je fais le décontracté pour calmer maman, mais je flippe, c'est chaud. J'ai des copains depuis le CP, je ne peux pas les laisser tomber, alors je continue à faire des conneries. On s'entraîne entre nous, pour faire craquer les profs. Maman dit que c'est des mauvaises fréquentations, mais je suis pareil. »

Je demande s'il est un adepte de la fumette. Lui-même ne s'égare jamais dans cette branche de la botanique parce qu'il a grandi dans une famille équilibrée. Mais il vit dans ça, ses copains sont à fond dans le truc. Il fume ou pas ? Mes sourcils sont probablement suffisamment interrogatifs pour qu'il se sente obligé de fournir des précisions, malgré mon mutisme. « Une fois par semaine. » Sa mère ne s'en doute pas. Elle ne voit que les choses insignifiantes. « Tu ne vas toujours pas chez le coiffeur ? C'est ça, ta nouvelle paire de lunettes ! C'est avec cet immense pantalon à deux places que tu comptes te présenter à l'oral de français du bac ? »

Pauvre femme. Triste sort des mamans collantes. Elles sont spécialistes de l'accessoire et tout aussi incompétentes que les autres sur l'essentiel. Car les habits, la coupe de cheveux et les gadgets de Basile ne sont qu'un savant dosage entre la liberté, le budget, la mode et l'influence des copains. Pourquoi ne pas être comme les autres ? L'excès en ces domaines n'est qu'une manière de conformisme. Dépassée la maman, un homme remplace le garçon qu'elle chérit mais elle ne voit rien venir ! Basile me raconte qu'il vit en famille comme à l'hôtel. Encore que parfois c'est tendu, quand les parents se piquent de lui faire le coup de la famille unie : téléphoner à une tante, passer un dimanche avec un parrain et les vacances toujours au même endroit, en Vendée. Les châteaux de sable ne sont plus de son âge, même avec l'alibi de son demi-frère de six ans. Basile n'a jamais connu son « vrai père ». Il n'est ni mort ni divorcé. Il est parti après sa naissance. Et le beau-père, ce n'est pas un père, c'est un mari pour sa mère. Au cas où je deviendrais indiscret sur ce thème, le gars me fixe droit dans les yeux et m'affirme que je ne peux pas comprendre. « Sur le papier, monsieur, je suis heureux. Ma mère ne me lâche pas. “Donne-moi cette chemise que je couse le bouton, et mange ceci, peigne-toi, tu me présenteras tes copains, ne rentre pas tard…” Basile rit jaune. Il sait que l'inquiétude d'une maman est, en quelque sorte, naturelle, mais il n'est plus un marmot tout de même ! Il tire des bénéfices de la conduite de sa mère abusive, tendrement souveraine et anormalement partiale. En échange, il lui impose une fausse distance affectueuse et despotique, étonnamment irrationnelle. Elle règne dans le quotidien de son fils et lui, il gouverne le cœur de sa mère.

Me voilà bien avancé pour étudier une admission en terminale L ! Mais, comme Basile me paraît authentiquement empêtré dans une affaire d'exclusion disciplinaire dans son lycée actuel, je l'autorise à m'appeler, au besoin, sur ma ligne directe. Cette possibilité n'est pas anodine dans le processus d'approche.

Un bac pour quelques euros

Les mois passent. J'oublie Basile mais lui garde en mémoire le numéro de mon secrétariat. Il voudrait bien me rencontrer. Il s'est fait vider. Son conseil de discipline a été inflexible. Même les délégués de parents ont voté contre lui, malgré les « hystéries » de sa mère. Illico, elle a fait ses comptes pour payer une école privée, ça a marché, en plein milieu d'une année de première. Il en sort juste. Son bac de français s'est plutôt bien passé. Mais pas question d'y revenir en terminale. Basile n'accepte pas l'autorité, les méthodes dures, les relations rigides, l'institution inflexible et l'infantilisation globale. Dans cette respectable institution, les profs se laissent porter par la routine, ils dispensent leurs cours, point barre. Et Basile allonge une tête de moribond. « Monsieur le directeur », en personne, s'en est inquiété. Il l'a convoqué pour lui parler, pas pour l'entendre. La raison de l'abattement de Basile était le manque de motivation, foi de spécialiste. D'ailleurs un remède existe. Et la mère de Basile a déboursé un supplément, puisque son fils a été condamné à une permanence à l'ancienne, avec quelques répétiteurs censés redonner le goût de faire les devoirs, de gré ou de force. Il reconnaît qu'il y a probablement sauvé son bac de français, à raison de cent euros par texte révisé. Mais le moral n'est jamais vraiment revenu.

Alors le directeur a convoqué la mère pour lui signifier qu'il fallait retirer Basile parce qu'il donnait une mauvaise presse à la boutique. Les autres enfants le soupçonnaient de se droguer tant il avait l'air évasif et le regard triste. Le type ne pensait qu'à sa recette et ne voulait pas s'encombrer d'un chaland incompatible avec l'esprit de la maison. Il supputait quelque chose de louche, dissimulé par la famille. Et puis un élève démotivé à ce degré pouvait devenir « le mouton noir qui gâte tout le troupeau ». Alors ça, pas question, il n'y a jamais eu un seul enfant boudant son plaisir d'étudier dans un institut qui croule sous les décorations de ses anciens directeurs. Basile est devenu un SDF scolaire. Il a le niveau de fin de première et peut prétendre à un accès en terminale. Sa boîte à bac le met à la porte. L'Éducation nationale ne pourra probablement pas l'intégrer. Les grandes vacances approchent. Son seul souci, c'est de trouver une classe pour septembre. C'est ça la France : les parents choisissent le moment où ils conçoivent un enfant, la clinique pour le mettre au monde, son pédiatre et sa nourrice, mais dès qu'il s'agit de l'école, c'est une autre paire de manches.

La double peine

Basile a déjà écumé tous les lycées sur sa ligne de métro. Sa mère parfois l'a accompagné. Toute la famille est mobilisée. Son beau-père a même rencontré un député et un maire. Tandis que les hommes politiques déploient un jeunisme à col ouvert, l'Éducation nationale garde la tête dans le sac. Pas question de prendre Basile : il vient du privé hors contrat. À qui appartient l'avenir des enfants ? Le droit réclamé par ce garçon, c'est d'accéder à une terminale. Le devoir de l'école, c'est de lui faire éventuellement passer un examen, pour vérifier s'il a bien le niveau requis. Les épreuves n'auront lieu qu'après la rentrée. La seule issue qu'on lui a explicitement offerte est un BEP de comptabilité compacté en une seule année, ce qui, paraît-il, fait gagner du temps sur les délais habituels. Il est très touché mais il préfère une terminale littéraire. Je l'écoute sans indulgence, d'une part parce qu'il découvre dans sa chair que l'école est un bien précieux qu'il aurait dû mieux respecter avant et, d'autre part, parce que rien n'est perdu. Il n'empêche que je pense à cette masse de circulaires incitant les lycées à donner une éducation à la citoyenneté à leurs élèves. Je me demande quel en sera le contenu, au vu du traitement hautement républicain que l'administration applique à Basile.

Comme lui, chaque année, des milliers d'ados sont victimes de tracasseries qui les amènent à décrocher subrepticement. Quant à ceux qui sont exclus par une voie réglementaire, leur accorde-t-on une véritable présomption d'innocence ? Bénéficient-ils d'une défense effective et les invite-t-on à épuiser tous les recours gracieux et les procédures d'appel ? Le stress de Basile et de sa famille ne réside pas dans des questions insondables sur le statut de la jeunesse dans la société, mais dans la double peine que lui afflige l'école. Il ne conteste pas l'exclusion prononcée par le conseil de discipline et il admet que le directeur de la boîte à but lucratif ne le veuille plus. Mais, ce qu'il ne comprend pas, c'est que les lycées de l'académie, qui ont des places libres, lui mentent pour lui faire payer son passé une seconde fois.

L'entreprise n'est pas toujours aussi expéditive car il existe des chefs d'établissement de l'Éducation nationale qui ne se comportent pas comme des épiciers. Quand je demande à Basile pourquoi il refuse la classe de BEP, il me regarde avec des yeux de hibou dans la lumière. La question ne se pose même pas ! Il veut bien admettre que les filières sont toutes d'égale dignité, mais comme elles conduisent cependant à des métiers et des vies différentes, il en préfère une qui lui laisse le choix de devenir journaliste. L'ascenseur social ne fonctionne pas pour tous de la même manière et certains n'emprunteront qu'un escalier ou bien une échelle de secours, mais Basile ne veut pas être parmi eux. Pas question de se réorienter. D'ailleurs, on lui a déjà fait le coup, il y a quelques jours, dans un centre d'information. Le conseiller-psychologue a étalé des brochures subliminales où les patrons du bâtiment se félicitaient d'offrir aux ados un métier en or. Basile a un projet identifié et formulé : il veut une seconde chance dans un lycée public, pour continuer à apprendre ce qu'il a commencé à étudier auparavant et pour combler ses lacunes.

Aujourd'hui, le discours de Basile dénote une prise de conscience et un discernement solides. C'est le moment d'aller voir Mme Barral, au bureau du « Temps choisi », pour étudier la candidature du nouveau Basile. Il boit du petit-lait. Nous ne connaîtrons son résultat au bac ES qu'en juin prochain. Mais déjà nous savons, à son regard, à sa manière d'être, à la considération qu'il porte à ses profs, que nous avons eu raison de lui dire oui. Sa mère nous a téléphoné deux fois par jour, durant un mois, puis plus rien. Comme j'ironisais sur le thème, Basile m'a interrompu. « Eh, bien sûr qu'elle n'appelle plus, elle a confiance ! »

6

Mathias ou la vocation contrariée

Réajuster les rêves

Mathias affiche une magnifique motivation et un projet, ce que fort peu de jeunes osent. Son truc, c'est le sport. Il s'agit d'une passion plus que d'une compétence avérée par un palmarès ou un cursus tangible dans une fédération. Le garçon sent bien qu'il ne parviendra pas à m'emballer avec ce genre de panorama, alors il évoque un intérêt subsidiaire pour le monde des hôpitaux. Mais en ce domaine, non plus, il ne prononce aucun nom de métier ni de cursus ; tout au plus sait-il que la filière médico-sociale existe dans l'Éducation nationale. Dans la foulée, il justifie en vrac ses résultats scolaires (peu mirobolants), un conflit récurrent avec sa famille qui le voit vieillir sur pied sans une véritable formation et son pragmatisme sans allant pour passer un bac, mais… lequel ?

L'enthousiasme n'est pas au rendez-vous, mais comment lui reprocher d'être évasif puisqu'il est authentique ? Il a perdu ses illusions, il réajuste ses rêves sans gaieté de cœur. Comment formulerait-il un désir irrépressible de reprendre des études alors qu'il n'a pas vraiment envie d'étudier ? Mathias cherche seulement à éviter une dépréciation aux yeux de ses parents. On sent bien que s'il gagnait au Loto, il arrêterait l'école illico car il n'en attend rien. Mathias joue franc-jeu, sans provoc. Il ne ment pas, il ne triche pas, il est paumé dans ses intentions et ses propos sont donc complètement raplapla.

Ce défaitisme est courant lorsque les ados passent leurs ambitions à la moulinette de la faisabilité. Il faut rendre cet inconvénient utile. Ainsi, si Mathias est mortifié d'avoir à réviser ses ambitions, c'est précisément qu'il n'est ni borné ni mythomane. Sa situation lui apparaît clairement et son discernement fonctionne de façon efficace. Sa candidature insistante – il a déjà vu trois membres de l'équipe – prouve bien qu'il sait se battre. Cette pugnacité est sans doute un reliquat de sa phase hyper sportive. Son attitude, un peu trop placide à mon goût, n'est pas désinvolte. Les ados ont parfois une manière d'être qui n'a rien d'une effervescence. Ce pourrait être pire. Mathias aurait pu s'enfermer dans un mirage en attendant de devenir champion. Certes, il cultive sa part de chimères : il aimerait bien entrer dans le secteur paramédical, spécialisé dans le traitement des sportifs… Nul n'apure ses comptes d'un seul coup. Alors Mathias sourit peu mais, de son air bougon, il demande tout de même de l'aide pour dépasser sa vocation contrariée. Ce genre de révision est déchirant. Probablement que Mathias, dans son âme, est un sportif blessé, abandonné sans précaution. Beaucoup de candidats, dans son cas, deviennent des pleurnichards, arguant diverses injustices pour se terrer dans l'aigreur et l'agressivité. Si les murs pouvaient parler, ils raconteraient tous ces destins contrecarrés par les matchs perdus, les chronos décevants, les couacs, les faux pas et les sélections ratées. On n'imagine pas le nombre de Mozart, Patrick Dupont et autres Ronaldo qui se succèdent dans un bureau de proviseur pour sauver ce qui reste d'une scolarité laissée à l'arrière-plan depuis des années.

Leurs parents, généralement, sont tout contrits car ils ont incité leur progéniture à répondre à l'appel des sirènes, l'ont accompagnée aux compétitions et, implicitement, l'ont conduite à minorer l'école. Mais, au conservatoire comme dans les salles de sport, le don de soi, corps et âme, n'est pas systématiquement payé en retour. Une contre-performance, un problème de santé, une prise de poids ou tout simplement la puberté sont parfois éliminatoires. Il faut alors se rendre à l'évidence : les études sont mal en point et la carrière tant espérée n'a pas démarré. La dégringolade s'accompagne généralement d'une détérioration des relations entre l'ado, sa famille et les coaches ou autres gourous qui régnaient sur son activité de prédilection. De plus, les parents sont parfois ambigus ; non seulement ils expriment des regrets, mais ils peuvent les teinter de critiques et de reproches. C'est que des pères et mères, artistes ou sportifs ratés, imposent parfois sans vergogne à un enfant de rattraper leurs illusions perdues. En cas d'échec, ils l'accuseront tacitement de majorer leur propre drame existentiel. Cette ambiguïté tombe dans le sordide quand le couple se fissure, chaque parent reprochant à l'autre d'avoir sacrifié l'enfant sur l'autel de ses fantasmes et les deux déplorant ensemble que le chérubin soit incapable de hisser la famille vers la célébrité et l'opulence. Les procréateurs qui tentent de solder le déficit de leur jeunesse sur le dos de leurs enfants renversent dangereusement l'ordre généalogique. Ce sont les adultes qui doivent permettre aux ados d'assumer une jeunesse et non l'inverse. Chacun peut comprendre que les parents qui retournent l'arbre prennent le risque majeur de le déraciner. Ce n'est déjà pas facile d'être un adolescent, plus un élève, plus un fils (une fille), mais si de surcroît vos propres parents vous transforment en symptôme, cette difficulté devient insupportable.

Mathias se charge de nombreux péchés. Mais, comme disent les jeunes, il zappe. Aucun des profs ne parvient vraiment à reconstituer son puzzle. À son arrivée, il rechigne à dater précisément le début de son déclin scolaire ou à décrire la période de sa rupture totale. Il ne veut pas parler des signes avant-coureurs du décrochage puisque le sport semble lui offrir toutes sortes de bonheurs. Il ne suggère que le jugement sévère de ses parents. Notamment celui du père qui lui-même affiche une belle réussite sociale.

Au moment où Mathias pousse la porte de mon bureau, un an plus tôt, l'école s'est effilochée dans sa vie. D'ailleurs, quand je cherche à savoir quel est son dernier établissement, le nom ne lui revient même pas. Toutefois, il fait preuve d'une lucidité surprenante sur la façon dont l'école l'a broyé dans un rythme qui dévore la vie des jeunes. Mathias, tel Sisyphe, s'épuisait d'année en année à porter son fardeau dans les cahots et les va-et-vient, mais son cursus faisait du surplace puisque les divers conseils de classe sanctionnaient son addiction au sport par des redoublements, des orientations et d'autres voies de dérivation.

Aujourd'hui, ses parents aux basques, il dénoue le dilemme ordinaire d'une personne assise entre deux chaises. D'un côté, la contrainte des études, les exigences d'un lycée, la nécessité de préparer le bac ; de l'autre, l'envie de rester libre, le besoin de se distinguer, la tentation de ne pas céder aux arguties des parents. Puis, par-dessus tout, l'indicible aspiration à se sentir normal en restant soi-même, parmi des lycéens et des profs. Comment se retrouver sans dommage parmi les parias d'une génération qui n'afficheront, plus tard, qu'un pauvre certificat de scolarité d'une troisième chancelante ? Le credo scolaire de Mathias est touchant, un peu surfait, mais émouvant. Il lui est arrivé pourtant de négliger copieusement les cours. Le loustic a allongé ses week-ends et boudé les devoirs. L'emploi du temps, l'assiduité et la ponctualité étaient ses ennemis jurés, les profs des voleurs d'existence. L'école l'empêchait de faire du sport toute la journée. Bien sûr, ses parents craignaient que le sport soit la véritable cause du naufrage scolaire, mais ils savaient aussi que c'était le seul lien qui maintenait encore leur fils debout.

« L'école, je pouvais faire sans »

Mathias garde un bon souvenir de sa vie, avant la maternelle. Pensée heureuse, emplie des rires des autres gamins et de tendresse. Un bon souvenir, explique-t-il, car, alors, n'existaient pas encore les véritables contraintes de l'école. Celles-ci se sont multipliées dès la petite section avec des horaires, des injonctions, des exercices… « Je me souviens très bien que la maîtresse voulait me faire dessiner des fleurs. Je ne voulais pas. Je me suis mis dans un tel état, je criais tellement que la directrice a dû appeler mes parents pour qu'ils viennent me chercher. Ils m'ont ramené à la maison. »

Mathias affirme très tôt une forte personnalité. Son père l'emmènera plusieurs fois à l'hôpital : « Je mordais les autres, je n'étais pas très vivable. » Avait-il de surcroît une vocation de loir ? Le matin, il n'avait pas envie de se lever.

La maternelle, ça allait encore ; c'est au cours préparatoire que les choses se sont corsées. La maîtresse ne lui plaisait pas du tout. Il porte la main à son visage, comme pour retrouver la trace d'une lointaine cicatrice. « La maîtresse me prenait les joues en les tirant. Elle me faisait sentir physiquement que ça n'allait pas ! En fait, je faisais les choses parce qu'il le fallait, c'est tout. J'arrivais bien à lire car mon père me faisait souvent travailler. Mais pour le reste, ce que j'aimais, c'était la récréation et le temps de midi. J'avais plein de copains et j'avais pourtant le sentiment de ne pas m'amuser assez ! Quand je n'aime pas quelque chose, je ne réfléchis même pas. Je n'arrive pas à prendre sur moi, contrairement à la plupart des gens. J'entrais à l'école en me disant que c'était une prison. Le fait d'être confiné dans une classe pendant des heures m'était insupportable. Il m'aurait fallu des pauses toutes les demi-heures. »

La situation que décrit Mathias est assez courante dans les récits des décrocheurs qui s'assument. La reconnaissance de l'ennui, de l'inappétence et des divers contournements indique généralement la fin de la souffrance, même s'il reste à régler la question cruciale des séquelles, notamment au niveau des lacunes scolaires. Avant d'en arriver à ce point, un décrocheur a nié des années. Ses parents rationalisaient en mettant en cause les maîtres, l'ambiance, les camarades, voire le manque de moyens, les sureffectifs en classe ou la conception de l'enseignement en France. L'intérêt de hurler avec les loups contre l'école, en chargeant l'institution, c'est de couper l'herbe sous les pieds des enseignants qui pourraient mettre en cause les élèves. L'intention est claire : refuser d'envisager le cas de son propre rejeton sous l'angle de la pathologie, de l'inadaptation sociale ou d'un défaut d'intelligence. Face à la dérive scolaire, les parents s'accrochent à un postulat intangible :

leur enfant est normal mais l'école ne sait pas le prendre. Dans le fond, ils n'en sont pas toujours convaincus, à en juger par la course qu'ils entament pour trouver un autre établissement. Contradictoire ? En attendant, même s'ils défendent la thèse qui fait de l'école un rouleau compresseur, ils se réservent, à la maison, la possibilité de tancer leurs gosses. Ils cherchent à tout prix à éviter une orientation négative, voire coercitive, qui ne laisserait plus aucun espoir de retour dans le cursus habituel.

De la joue pincée aux fourmillements provoqués par l'ennui, la rencontre de Mathias avec le plaisir d'apprendre n'a pas eu lieu, pendant des années. Si la sixième, qui est une transition délicate, s'est bien passée, la cinquième, en revanche, a été une bérézina, sans qu'on puisse démêler la part du divorce des parents de celle du fiasco scolaire. Du reste, cette classe est pour les garçons toujours difficile car l'âge les travaille. Mathias suggère, lui, que c'est parce que ses copains d'alors n'aimaient pas l'école. Ensemble, à la moindre occasion, ils s'élançaient, comme un seul homme, pour sillonner le bitume en rollers. Une joyeuse bande, habile au point de réaliser des figures… Mathias a économisé pendant quatre ou cinq mois pour s'acheter une paire de patins à 500 francs. « Je me suis rendu compte que l'école, je pouvais faire sans. Je préférais faire autre chose. Je me suis retrouvé avec le record de retards, des lignes à rendre... » Rétrospectivement, il a le sentiment que les profs le prenaient pour un imbécile. « Leur méthode, c'était le rapport de force : "Je vais te rentrer dedans et tu vas travailler." Il n'y avait pas assez de dialogue. Forcer un enfant à apprendre une matière qu'il n'a pas envie d'étudier, je le ressentais comme une agression. » À la fin de la troisième, une orientation en BEP tombe comme une condamnation. Mathias dit alors à sa mère : « Je ne veux pas être soudeur. »

Les capacités de Mathias plafonnaient aux « peut mieux faire » mais elles n'ont jamais été mises en cause. D'ailleurs, en français, le collège le situait dans le groupe A. Le meilleur. Mais l'animal s'économise. Il obtient juste de quoi passer d'une classe à l'autre. La justification paraît limpide. « Je n'aimais pas le travail. Je faisais du kung-fu en club. J'avais tous les bouquins sur le sujet. Dans ma chambre, je m'entraînais tout le temps, à la japonaise. Je poussais les meubles et je tapais dans les murs. Je voulais faire une carrière, me mettre à la compétition et arrêter l'école. Si j'avais pu continuer, j'en serais à ma septième année. Mais mes parents ne voulaient pas entendre parler de ce projet sans passer par l'école. Pour eux, il fallait l'école. Plus tard, quand j'ai redoublé ma seconde, dans le privé car le collège public ne m'avait pas accordé mon passage, ma mère m'a dit que c'était à cause du sport que ça n'allait pas à l'école et qu'il fallait que j'arrête. Mes parents étaient inquiets. Mon père me disait que j'allais finir clochard. »

Mathias pouvait faire sans l'école, mais, en même temps, il ne pouvait rien faire sans elle et surtout pas tranquilliser ses parents. Alors, il a abandonné sa passion. Tout être devient raisonnable à force de projets avortés et d'échecs dépassés. Quel parent n'a pas sermonné son enfant en commençant par la formule rituelle : « On ne fait pas toujours ce qu'on veut dans la vie ! » ? Peut-être que l'intérêt d'un rêve, justement, est d'être poursuivi sans jamais se réaliser. La fameuse socialisation n'est sans doute que la capacité de chacun à dissocier le possible et l'improbable.

Les études sont un écheveau d'élucubrations de parents, de profs et d'ados. Quand Mathias a découvert l'écheveau, il a tiré trois fils. Le premier mène aux espoirs d'un jeune : liberté, bonheur, cohérence entre des valeurs et l'action, notamment professionnelle. Le deuxième fil, c'est l'insidieuse commande parentale. Les pères et les mères instillent leur ambition, parfois dissimulée dans un parti pris héréditaire dont l'adolescent a du mal à se départir sans passer pour un traître : « nous sommes une famille de juristes » ; « les lettres, c'est pour les filles » ; « chez nous, tous les aînés font médecine ». Le troisième fil, c'est le jugement des professeurs. Tout élève se soumettra aux épurations successives des conseils de classe, même s'ils se travestissent en conseils d'orientation ou élaborent des projets « personnels » pour des élèves qu'ils ne consultent pas. On voit à l'usage que le conseil de classe n'est qu'un procédé de plus pour contraindre un jeune à admettre le verdict de ses profs, souvent obnubilés par les notes, les moyennes, les écarts, les médianes et leurs certitudes.

Que peut faire un établissement traditionnel quand un adolescent comme Mathias rapproche ses envies et sa vraie vie ? Aucune réalité ne le touche, sauf celle qui sert directement sa passion, sa folie du sport. Cet élève n'est pas un malade. On devrait s'inquiéter beaucoup plus s'il perdait le goût de s'amuser, de regarder les filles, de téléphoner aux copains, de se reposer et, pourquoi pas, de « glander ». Un enfant ne naît pas élève. Pas plus que ses parents ne sont nés pour trimer toute la journée. D'ailleurs, les grandes personnes aiment-elles travailler ? Peut-on lever ce tabou ? La phobie scolaire est la jumelle de l'horreur du boulot qui frappe les adultes. Combien de profs eux-mêmes n'ont plus aucun goût à ce qu'ils font et se dissolvent au fil du temps dans une dérive douce qui les conduit vers la retraite ?

L'échec nosocomial

Pour comprendre Mathias, il faut se questionner sur l'éducation qu'on donne aux enfants. Les fameuses valeurs à transmettre doivent-elles être vectorisées par la frustration et le renoncement ? Les célèbres repères doivent-ils être spartiates ? Attendons-nous que les jeunes n'aient plus que des rêves réalistes, faits de diplômes aux débouchés assurés ? Selon les réponses, l'échec scolaire de Mathias puis son retour à l'école n'auront pas le même sens. Avant de dire oui à un élève qui postule, l'équipe doit savoir s'il demande la réparation d'une injustice institutionnelle : « J'ai été orienté de force » ; un traitement psychosocial : « Je ne supportais ni les profs ni les élèves » ; ou bien la possibilité de réconcilier en lui le principe de réalité et le principe de plaisir : « J'ai déconné jusqu'à maintenant, il est temps que je me prenne en main. »

Faut-il faire expier les jeunes comme Mathias, parce qu'ils décoiffent nos convictions ? Son désir de reprendre ses études a sans doute plus de force que le continuum quelque peu ordinaire d'une masse d'élèves lambda. Les caciques vont crier haro sur le démagogue. Sauf que le jeunisme ne se niche pas où on l'attend. Il prospère plutôt du côté de ceux qui passent de la pommade aux ados à grands renforts d'élections de délégués, d'installations de conseils de la vie lycéenne ou de créations de comités de la citoyenneté en vue de choisir les rideaux du réfectoire, mais qui gardent jalousement leurs prérogatives, voire leur pouvoir discrétionnaire, dans les questions primordiales : l'orientation, la notation ou le redoublement.

La prise en considération de Mathias est un antidote à la bureaucratie, aux atermoiements, aux contradictions ou aux décisions expéditives dont un élève défaillant, à plus forte raison un décrocheur, a été la cible durant ses années d'enlisement. Les ratiocinations des professeurs sont tellement intégrées qu'un mauvais élève n'ose même pas parler en dehors des sentiers balisés de ses résultats chiffrés et de son niveau par matière. Il s'interdit d'envisager un métier à l'image positive. La dépréciation intrinsèque d'un ado en échec scolaire est incommensurable, si bien que nous nous donnons comme objectif d'amener les postulants à majorer leur demande et à refuser de confondre leur bulletin trimestriel et leur identité.

Il m'arrive de leur mettre sous les yeux l'appréciation qu'un piètre correcteur de copie a mise à Paul Valéry en 1895 : « Le français est barbare. Le candidat est un esprit absolument nuageux qui ne sera jamais un rédacteur. Sa place est dans un mauvais journal. C'est un vulgaire décadent dont l'administration n'a que faire… »

Il s'agit d'une question de déontologie. Les profs et moi-même devons inciter Mathias à rehausser l'image qu'il a de lui. Cela revient à lui envoyer un message qui dit : l'échec scolaire est nosocomial, comme on peut le dire de ces maladies que l'on contracte dans l'hôpital. Tu n'es coupable de rien, même si tu es responsable de tes actes. Récupérer des décrocheurs, c'est vérifier en permanence que l'abandon scolaire résulte d'une défaillance du système éducatif. Les grincheux vont invalider cette idée en faisant observer que ce n'est pas l'école qui a chassé Mathias puisque c'est de sa propre initiative qu'il n'en a plus franchi le seuil ! Certes. Néanmoins, mesurons la vacuité d'une telle observation en la changeant de contexte. Par exemple, si de nombreux patients ne veulent plus aller chez leur médecin traitant, faut-il les accuser d'une faute ou bien vaut-il mieux se pencher sur la façon dont le docteur pratique la médecine ?

Comparaison n'est pas raison, mais il s'agit, avant tout, de ne pas ranger le décrochage dans les épiphénomènes spontanés. Il convient ensuite de situer l'élève en position d'acteur et non pas d'auteur de son propre échec. Enfin, il faut suggérer que le seul remède au décrochage reste l'école. C'est pour tous ces motifs que Mathias a été admis à Jean-Lurçat. Les premiers mois l'ont désarçonné. « On m'a demandé d'effectuer des recherches sur le métier d'éducateur sportif. On m'a dit de raconter ce que je voulais faire dans un petit texte. Ce n'était pas du tout formaliste. Contrairement aux autres écoles, c'était à moi de montrer ce que je voulais. C'était un beau bordel. Le projet pédagogique était tout nouveau. Il y avait trop de liberté, pas de système de contrôle des absences. La moindre pause durait une heure, on se retrouvait tous au café à jouer au baby-foot... Mais, même avec ça, beaucoup ont réussi. L'école s'est toujours présentée comme un rapport de forces, ce que je déteste. Là, il y avait vraiment une écoute. On nous a demandé : "Que veux-tu faire ?" Et on a ajouté : "Je t'aide." L'exigence de programme existait mais les objectifs à atteindre étaient souples. En fait, les profs ne sont pas des profs. Ce sont des tuteurs qui ont des savoirs scolaires. Ils sont compétents. Ils peuvent vraiment nous aiguiller, c'est ce qui fait leur force. »

La mère de Mathias, Hannah, a enfin découvert, dans ce lycée trouvé par hasard, des enseignants accessibles. « Ils s'intéressaient aux enfants et quand je leur parlais, ils savaient qui était mon fils. Ce côté personnel était très appréciable : combien de professeurs disent que les problèmes de leurs élèves ne les regardent pas ? Ici, ils présentaient toujours les choses de façon positive, alors que les enfants sont habituellement critiqués de toutes parts. Ils comprenaient que si les enfants avaient décroché, c'est parce que chacun avait une personnalité qui n'avait pas été reconnue dans les structures “normales”. Les jeunes n'avaient plus peur de parler à leurs professeurs, ni de parler d'eux : ils pouvaient le faire sans s'attirer des reproches, sans craindre d'être sanctionnés ! J'ai entendu l'un des élèves dire : “C'est la seule école où je vois des profs qui rient !” Ils sont heureux eux-mêmes et peuvent transmettre à l'élève le fait que la vie n'est pas triste… Mathias était heureux. »

Hannah travaille à l'Unesco sur les questions d'éducation. La passion de son fils pour le sport demeure à ses yeux « une énigme ». Comment comprendre ? Comment s'assurer que la motivation de son enfant est fondée ? Elle ne cache pas ses doutes. Elle a rencontré d'autres enfants réellement passionnés, qui profitaient du moindre moment pour aller pratiquer, ce qui n'était pas le cas de Mathias, contrairement à ce qu'il prétendait. « Ce qu'il présentait comme une passion avait pour moi un autre sens. » La prétendue vocation d'un ado repose souvent sur un malentendu. En témoigne cette petite anecdote. Lors d'un voyage en Angleterre, Hannah a proposé à Mathias de visiter un musée. « Il m'a fait une scène ! Il est resté assis devant les antiquités grecques pendant deux heures, le temps que j'effectue seule la visite. Eh bien, quelques mois plus tard, il a confié à une conseillère d'orientation qu'il voulait devenir archéologue ! » Rétroactivement, elle prend peur car le chenapan est prêt à dire n'importe quoi pour occuper la place qui lui était dévolue dans la quête aléatoire d'une orientation. Il aurait pu donner le nom d'une branche qui aurait existé en lycée professionnel et se retrouver piégé.

Il faut dire que le système fonctionne par élimination. Il s'agit, avant tout, de sortir l'élève défaillant de la voie générale. En conséquence, les « bons » conseils sont prodigués en exclusivité aux « mauvais » élèves. Un élève qui marche bien passe de classe en classe, sans que quiconque ne l'oblige à se prononcer sur son avenir. En revanche, s'il flanche, il devra illico s'exprimer sur ses projets. Quelques petits futés se murent dans une indécision qui les préserve partiellement, d'autres, comme Mathias, prennent le risque de formuler des ambitions qui peuvent à tout moment se retourner contre eux. Combien de candidats vétérinaires sont ainsi subrepticement convertis en toiletteurs pour chiens, combien de médecins en brancardiers, combien de grands sportifs en gardiens de stades ? L'Éducation nationale ne se culpabilise pas outre mesure et ne produit pas d'analyse sérieuse sur les orientations arrachées aux élèves par des procédés peu fiables. Les ados trouvent parfois une parade intuitive. Ainsi, en lançant des noms de métiers originaux comme cascadeurs, trapézistes ou bergers, ils sont sûrs d'éviter les nombreuses places vacantes dans les lycées professionnels du bâtiment. Tel est pris qui croyait prendre. Avec sa passion du sport et son coup de cœur pour l'archéologie, Mathias coupe l'herbe sous les pieds de ses interlocuteurs et pourrait éventuellement faire état de leur incurie, s'ils osaient lui proposer la soudure ou la menuiserie.

Il ne lui paraît pas tolérable d'être orienté contre son gré, à cause d'un décrochage, car l'allergie aux études s'attrape en classe. L'école serait donc immensément lâche d'en rendre les élèves responsables et de les faire payer. L'échec est engendré par la parfaite circularité de la mentalité ambiante. On peut la résumer ainsi : un prof est payé pour donner des cours dans une discipline précise. Motiver un potache n'est donc pas dans ses cordes puisque la motivation n'est pas une matière répertoriée du programme. Pourtant, les adultes ne sont habituellement pas fâchés que les élèves démotivés en bavent un peu, car le rejet des études ne doit pas rester impuni. Il serait donc juste que les élèves à problèmes expient, pour que cela leur serve de leçon : il n'est pas question de bafouer impunément l'autorité des maîtres et, plus largement, celle de l'institution. Par ailleurs, la souffrance des décrocheurs a une fonction vaccinale sur les autres jeunes car elle leur montre la galère qui suit l'abandon scolaire.

Et tout ça à cause de l'école !

On parle de décrochage depuis une dizaine d'années à peine. Qui aurait pensé que l'envie de sécher, l'ennui en maths, les bâillements digestifs, la morosité en latin, les sculptures de pupitres au compas et autres folklores se transformeraient en fléau national ? L'école buissonnière prend sa place aujourd'hui parmi les problèmes de société largement pointés par les politiques. L'avantage, c'est le refus d'une banalisation. Le risque, c'est l'exonération du monde scolaire : à trop insister sur des causes sociologiques notamment, on évite de questionner la pédagogie et l'organisation de l'enseignement. Tout se passe comme si la façon d'instruire la jeunesse était inamovible et le motif de l'échec scolaire intrinsèquement lié à l'élève, indépendamment des méthodes appliquées. Ainsi, les adultes, parents et enseignants, sont de mèche pour que l'école ne soit pas une partie de plaisir. Rares sont les familles préférant sincèrement l'épanouissement personnel de leur enfant à ses notes.

La vocation de Mathias pour le sport est anecdotique. Son prurit pour la préhistoire n'est qu'un accident, seul son sauve-qui-peut pour ne pas quitter définitivement l'école vaut un détour. Il s'agit pour les professeurs de remonter avec lui les méandres de son envie d'étudier, sans se laisser abuser par les représentations qu'il en donnera, aussi bien pour accuser l'école de sa propre conduite ou la pression de sa famille. Après tout, importe-t-il vraiment de savoir s'il revient en classe avec une saine motivation pour son avenir, ou pour préparer un métier, ou pour régler ses comptes avec l'école, ou pour calmer ses parents ou encore pour faire marcher son cerveau, du moment qu'il en fait la demande très explicitement ? Et quand bien même son année scolaire ne servirait qu'à apaiser les tensions entre ses parents ! De toute manière, qu'un élève soit sur les sommets de la réussite ou dans les profondeurs du classement, il est plombé par la scolarité que ses parents ont accomplie ou ont seulement rêvé d'accomplir. Mathias exprime assez bien cette idée : « Mes parents ont divorcé quand j'étais en quatrième. Mon père avait une drôle de conception de l'éducation. Il est broker à la Bourse, il s'est fait tout seul, il n'a pas fait d'études. Il s'est retrouvé avec une charge de famille à quatorze ans. Il a travaillé à l'usine, puis dans un hôtel. Il en a bavé. Son fils devait en baver aussi… Dès qu'on se voyait, c'était des engueulades. Et tout ça, à cause de l'école. Mon père n'avait que ce mot à la bouche. Mes parents tournaient autour de l'idée centrale de mes études, il n'y avait pas d'autres sujets de conversation à la maison. Quand ils ont divorcé, je suis resté avec ma mère. J'étais soulagé : 75 % de la pression avait disparu. Ma mère était gentille, elle ne me poussait pas trop. Mais, l'école était là-bas [il montre un horizon lointain avec son bras gauche] et moi j'allais à l'opposé. »

« Je comprenais les choses de travers, explique Hannah. Mathias ne parlait pas beaucoup et j'avais des a priori. Il est vrai que l'école n'est pas passionnante, mais je me disais qu'il fallait qu'il s'y mette, ne serait-ce que pour faire plaisir à ses parents ! Il n'a pas de difficulté pour étudier. En primaire, il apprenait tout du premier coup si ça lui plaisait. Je me souviens des tables de multiplication : il ne voulait absolument pas les apprendre. En fait, ce qu'il détestait à l'école, c'était la discipline. Je pense que, comme les choses étaient trop faciles pour lui au départ, il a fini par décrocher. » Mathias ne dément pas cette dernière analyse. « Pendant longtemps, tout ce qu'on me demandait me paraissait trop simple : je m'inventais des difficultés, je me disais que ça ne pouvait pas être si simple, qu'il y avait une entourloupe quelque part… » De la famille à l'école, de l'école à la famille, les résonances ont fini par devenir assourdissantes. « Je me souviens être restée plus de deux heures à m'arracher les cheveux avant qu'il accepte de faire un exercice. Mais je n'avais pas l'énergie pour l'obliger chaque fois. »

Hannah précise dans quel cercle infernal s'est trouvée emportée la petite famille. « Mon mari et moi avons été élevés dans des pays étrangers, ce qui a compliqué les choses. Je pensais ainsi qu'il ne fallait pas faire trop travailler les enfants. Je trouvais le système français crevant, les journées trop longues pour eux. Mathias disait qu'il n'apprenait pas la même chose en classe et le soir dans les livres. Aux

États-Unis, où j'ai effectué ma scolarité, c'est l'inverse : on revoit le soir, à la maison, ce qui s'est fait en classe. En France, le travail demandé à la maison implique la participation des parents, et je ne trouve pas cela normal. Moi, j'avais des horaires de travail lourds. Mon mari rentrait vers 22 heures. Il était toujours trop tard quand je me rendais compte que Mathias n'avait pas fait ses devoirs. Tout le monde dit que même les bons élèves ont besoin que leurs parents soient derrière eux ! »

La mère de Mathias ne s'est jamais sentie aidée par l'institution scolaire. « Je n'ai jamais eu le temps de voir ses professeurs. Mais il ne s'est trouvé personne non plus pour me conseiller sur la façon de faire avec lui, au niveau de ses études. L'école forme des enfants qui doivent se mettre dans le moule. Ce n'est pas l'école qui s'adapte aux enfants, mais l'inverse ! »

Cette mère sait de quoi elle parle : son fils a traîné de lycées privés, qui ramassent les canards boiteux des parents solvables, en classe de couture, rien qu'avec des filles, au gré des décisions de l'académie de Paris, pour aboutir en génie mécanique dans un lycée dont l'anonymat est le seul apanage. Il s'en fera exclure pour absentéisme. Alors sa mère, qui l'a toujours vu journaliste, lui dégotte un stage de six mois comme pigiste. L'apport de l'expérience sera indéniable, mais l'installation du décrochage, corrélativement, deviendra totale. Après une telle coupure, il est inutile d'envisager une reprise des études. Sur les conseils d'une amie, Hannah envoie son fiston à Jean-Lurçat, dont elle apprend qu'il s'occupe de décrocheurs.

Mathias est admis dans un programme qui impose d'abord une alternance de trois jours en stage et deux jours à l'école. Dans ce cadre, il a trouvé un stage d'assistant d'un prof d'éducation physique et sportive dans un collège parisien. Mais l'expérience ne lui a pas plu. « Le prof ne faisait rien sauf crier. » Un tel bilan a réveillé une ixième vocation en lui, celle de soignant. Les enseignants l'ont donc dirigé sur les cours de sciences médico-sociales du Centre national d'enseignement à distance, avec des devoirs à rendre, selon un calendrier précis, et des stages obligatoires pour le cursus. En l'occurrence, Mathias en a trouvé un dans un laboratoire d'analyses biologiques, « un petit boulot d'usine qui consistait juste à mettre les tubes dans une machine ».

La jachère scolaire n'est pas une perte de temps

Mais un jour, Mathias s'est rebellé contre sa propre greffe scolaire. « J'ai eu un pépin de santé en février, pendant ce stage. C'était un problème psychologique. J'ai de nouveau décroché, mais cette fois ce n'était pas volontaire. Je n'ai rien foutu jusqu'à la fin de l'année. J'ai tout de même essayé de passer mon bac. J'ai révisé, mais je ne l'ai pas eu. En fait, ce qui s'est passé, c'est que j'en faisais trop. »

Pour se payer du matériel de musique, Mathias, DJ à ses heures, travaillait dans un fast-food tous les soirs et, en plus, faisait du sport. « J'avais la volonté pour continuer tout ça, mais mon corps a dit non. Après cette histoire, je suis resté chez moi, en pyjama, sans rien faire. Je ne voyais pas le temps passer. Deux mois après, à Jean-Lurçat, ils ne m'ont pas dit : "T'es viré." Dans un lycée normal, je suis sûr que personne n'aurait cherché à comprendre ce qui m'était arrivé. À Jean-Lurçat, il y a vraiment eu un dialogue avec Jacques, le professeur de biologie, et Caroline, la professeure d'économie et tous les autres. »

Les enseignants ont identifié l'alchimie qui a présidé au sauvetage de Mathias. La sécurité affective de sa mère et celle de Jacques, qui fut un précepteur apportant à la fois exigence et complicité. Voilà ce qui a fonctionné, voilà, exactement, ce que Mathias recherchait. En première, il a travaillé beaucoup plus en profondeur car il savait qu'il voulait entrer en Éducation physique à l'université. Il avait franchi un grand pas. De nombreux jeunes sont, en effet, attirés par les métiers du sport sans bien mesurer qu'ils requièrent des efforts scolaires, au minimum ponctués par le bac. Mathias traduit : « Je me suis plié au système parce que je voulais mon bac. C'était ce qu'il me fallait. Je ne l'ai pas volé, mon bac. Le bac, c'est une page qui se tourne. Les profs nous rabâchent pendant des mois qu'il est dur de le décrocher. Quand on l'a, on se sent grand. »

Son expérience l'a convaincu de la nécessité de quelques réformes scolaires. Il faudrait, défend-il, plus de cours par petits groupes et par niveau ! Les horaires des élèves doivent être aménagés et les programmes réduits. Pourquoi ne pas instaurer des classes pour prendre son temps ? Faire courir la seconde sur deux ans ? Selon lui, les cours absorbent trop la vie d'un lycéen : 35 heures par semaine au bas mot. Et puis, dicter une leçon pendant une heure, « ça ne sert à rien. Les élèves doivent avoir les polycop avant, pour que le temps avec le prof soit réservé aux questions. Cela permettrait un vrai dialogue. Ce serait bien plus intéressant pour eux. »

L'échec scolaire fait avancer. Avec son bac de Sciences médico-sociales, Mathias n'a pas rencontré de difficultés majeures lors de ses débuts en fac. Il y a retrouvé les disciplines qu'il avait abordées dans sa spécialité au lycée : la physiologie, l'anatomie, l'entraînement sportif et la théorie du sport. Il y a repris goût aux études. « Je savais que la fac, ça me plairait. Je me le disais depuis que je suis tout petit. Je me souviens de films qui mettaient en scène des étudiants qui avaient l'air contents, qui pouvaient sortir quand ils voulaient... Là, le train, il faut le prendre quand il est arrêté et il faut garder la cadence. Les profs disent : "La sortie est par-là, on se reverra le jour de l'examen." C'est simple, ce système qui fait alterner des cours obligatoires et d'autres facultatifs, qui sont la base des premiers. On a le mode d'emploi, c'est une force majeure. »

Peu importe que la fac n'ait pas eu de chauffage, au premier trimestre, et qu'elle soit dans un état déplorable. Mathias ne prête guère attention aux fissures des murs et aux infiltrations. Peu importe aussi que le rapport aux enseignants, d'abord cordial, se soit « corsé ». Ou que les cours en amphi soient parfois un peu « free style ».

Mathias aligne désormais ses projets avec délice. « J'essaie de reprendre le foot. Je vais faire un autre sport, j'hésite entre la boxe et l'athlétisme. L'année prochaine, en deuxième année de DEUG, on doit pratiquer quatre sports. Ça tombe bien ! Le sport, c'est un plaisir, je n'ai jamais envie d'arrêter. » Mathias n'a guère envie de revivre le passé. Le job rémunérateur sera pour plus tard. Tout comme l'indépendance. « J'ai envie depuis longtemps de partir de chez moi. Je l'aurais fait tout de suite si j'avais fait une fac de philosophie à quinze heures de cours par semaine, parce que j'aurais eu le temps de travailler à côté. En licence, c'est sûr, je partirai. Pendant un temps, je voudrais vivre tout seul, juste le temps de mettre un peu de désordre dans ma chambre... Avec ma mère, ça va. Elle s'est beaucoup inquiétée et se disait que j'allais être au chômage. Avec mon père, c'est encore moyen. Il aurait voulu que je fasse un BTS en informatique, en alternance. J'aurais travaillé tout en allant en cours. J'aime bien l'enseignement assez pratique, c'est vrai. Mais j'étais plus attiré par le sport et par les matières scientifiques. On est deux têtes de mule, en vérité, lui et moi, et on se rentre dedans. Et comme avec lui, c'est toujours moi qui ai tort... » Il dit cela paisiblement du haut de ses vingt-deux ans, avec son sourire d'acteur américain et quelques hésitations.

Une nouvelle vie s'ouvre à lui depuis peu, heureuse, pleine de possibles, encore en germe dans le décor inégal d'une université parisienne. Il savoure le présent et espère, avec confiance, les surprises de l'avenir. « Si ça se trouve, dans quelques années, je ne ferai plus de sport, je construirai des écoles en Nouvelle-Calédonie ou je serai Bill Gates. »

7

Samia, quand Marianne fait son boulot

La République des hygiaphones

Samia est du côté de Voltaire et de Hugo, elle vient chercher de la lumière, une respiration, un élan. C'est sa liberté qu'elle éduque sur les bancs de l'école. Elle ne demande ni allocation ni compassion, elle veut étudier. Le Maghreb se voit sur son visage et la Méditerranée bouillonne dans ses veines. Aucune truculence agitée, mais une détermination inaltérable. Qui a parlé de la soumission des femmes musulmanes ? Samia incarne une force, une cause, un espoir. Elle ne le sait pas, sans doute le devine-t-elle. En tout cas, il ne s'agit pas de politique mais de scolarité. Contrairement aux autres jeunes des sept « classes de rêve », elle n'a pas connu l'absentéisme, les redoublements ni les conseils de discipline ; elle n'a même jamais décroché, néanmoins, elle a dû se battre pour obtenir une inscription. Une armée d'hygiaphones blindés lui opposait leur grosse voix réglementaire. Son dossier n'était pas français, son cursus inconnu et les attestations évasives. Alors, l'administration scolaire minutieuse laissait croupir la candidature au motif suffisant et légitime qu'elle ne savait pas quoi en faire.

Passé la période de la rentrée, le préposé académique aux affectations reste inerte car il craint de déclencher une tempête dans un verre d'eau. Il subodore, d'expérience, que l'établissement qui se verra imposer Samia va le ressentir comme une agression. Les profs n'aiment pas recevoir des élèves à tout bout de champ. Une classe n'est pas un moulin. Et un nouveau venu réclame toujours un travail supplémentaire, alors que le planning est déjà saturé. Or, les services du rectorat savent exactement, grâce à l'informatique, quel lycée dispose d'une place libre. Donc nul élève admis d'office ne saurait être refusé, comme jadis, sous prétexte que les effectifs sont complets. En conséquence, l'établissement victime d'une affectation « d'office » épluchera le dossier infligé, en cherchant la petite bête. Tout est bon : le domicile qui ne correspond pas à la zone de recrutement, les langues vivantes, leur ordre, leur nombre, les options… Bref, l'investigation se charge de prouver l'erreur, le défaut, l'anomalie et de réclamer l'invalidation.

Cette disposition d'esprit ne vise pas personnellement le candidat puisqu'il n'est pas connu. C'est une guerre des services. Tout proviseur ne saurait se priver de donner une bonne leçon à tous ces ronds-de-cuir du rectorat, qui ne connaissent pas la réalité du terrain et pour qui un élève n'est qu'une chemise cartonnée. De surcroît, s'il parvient à repousser l'affectation d'office, il pourra se flatter auprès des profs, en faisant valoir sa capacité à les protéger contre les exactions de la bureaucratie académique. Il va sans dire que le climat n'est ni tendu ni conflictuel, il est seulement administratif, dilué dans la lenteur des procédures, des oublis ou des abandons.

Inutile de préciser que le classeur à sangle qui retient le petit cursus scolaire chaotique de Samia a de quoi soulever un tollé dans le premier lycée venu, même parmi ceux qui ont la place d'accueillir des nouveaux élèves. La jeune fille est donc l'otage de la paix tribale entre les tigres de papier d'une fonction publique qui évite scrupuleusement de se prendre les pieds dans ses propres croche-pattes, sans entrevoir l'être sous le dossier. Pourtant l'altruisme et l'humanisme sont les valeurs les mieux partagées par les personnels du système éducatif… Mais précisément la part du système écrase celle de l'éducation.

Qu'en est-il du sort d'une petite réfugiée, qui aimerait tant aller à l'école ? Vaillante, Samia serre les poings et poursuit sa quête. C'est un reportage télévisé, sur La Cinquième Chaîne, qui lui fait découvrir le lycée Jean-Lurçat. Rendez-vous est aussitôt pris. Pas de problème, elle peut entrer dans une classe lui permettant à la fois d'améliorer ses matières générales et de faire des expériences en stage. Entre son dernier cours à Oran et son entrée ici, il s'est écoulé un an et demi. Pendant ce temps, là-bas, la famille se posait des questions. Enfin une porte s'ouvre vers ce que Samia considère comme son salut : l'accès à la connaissance et à la culture.

« Trace ton chemin, ma fille »

Cette fille a déjà eu deux vies. Celle d'avant, dans Oran la lumineuse, ville excessive comme Marseille, où Samia est née il y a vingt ans et où elle a effectué sa scolarité. Et puis il y a la vie d'après, après la mort brutale de son père. Le choc qui s'ensuivit a déraciné Samia qui, en sa qualité d'aînée de trois sœurs, entreprend des études comme on fait un investissement, en espérant un retour pour toute la famille. Donc sa solitude en France est un inconvénient très mineur par rapport au bien attendu et elle ne se plaint pas. Son drame a fait d'elle une autre femme, tendue de toute son énergie vers l'avenir qu'elle envisage avec appétit mais anxiété, baignée dans la culture et les livres. Elle met des mots forts sur son histoire simple. « Mon père est mort en 1998. Ce fut un grand traumatisme. Il avait quarante-sept ans. Il n'était pas malade. Je m'en souviens parfaitement. Nous étions en famille, il y avait du thé, des amandes… Son cœur a cessé de battre. Ma mère s'est complètement effondrée. C'est moi qui ai tenu tout le monde. Je n'ai pas versé une larme et je n'ai pas été comprise. Pendant l'enterrement, c'est moi qui ai rassuré les gens, et non l'inverse. J'ai vu que mon père était vraiment aimé. Il y avait un monde incroyable à l'enterrement. Il est mort un mardi et les obsèques ont duré une semaine. Même ceux qui ne l'avaient pas vu depuis l'âge de dix ans sont venus. On a égorgé deux ou trois moutons, tant il y avait de monde. Pendant 48 heures, je n'ai pas dormi. Ma mère a eu peur que j'explose. C'est ce que j'ai fait plus tard. J'ai fait deux crises d'épilepsie. »

Il a fallu s'occuper des inévitables paperasses qui encombrent le deuil, régler les problèmes de la maison. Samia s'occupe alors de ses petites sœurs de dix ans, six ans et six mois : elle les conduit à l'école, les câline. La solidarité de l'entourage et de la famille l'a heureusement aidée. Les amis de son père ont même collecté de l'argent. « C'est à ce moment que j'ai réalisé qu'il fallait que je retrousse mes manches, se souvient Samia. Je voulais venir en France pour trouver une bonne situation, afin que mes sœurs ne manquent de rien. Un jour, j'étais en train de plier du linge, quand j'ai soudain dit à ma mère : "Je veux partir." Ma mère m'a répondu que c'était à moi de voir, et que de son côté, il n'y aurait aucun obstacle. Elle m'a dit : "Trace ton chemin." Elle me faisait confiance, elle savait que, tôt ou tard, je me marierais. On m'avait déjà demandé plusieurs fois. Alors, elle m'a dit d'en profiter avant. »

Samia ne se l'est pas fait dire deux fois. « La mort de mon père n'était pas une interdiction de vivre pour moi. Il ne fallait pas s'arrêter là, je devais passer à autre chose. Au début, j'ai interpellé Dieu en lui demandant : "Pourquoi ?" Mon père aurait pu s'occuper mieux que moi de mes petites sœurs ! Après je me suis calmée. La mort fait partie de la vie. J'ai changé, à ce moment-là. »

« On n'a pas le droit de parler français »

Quelques jours après la rentrée scolaire de septembre 1999, Samia arrive en France. Sa mère l'accompagne avec ses sœurs, puis elles s'en retournent. Dès son enfance, Samia a pris l'habitude, à l'occasion des vacances, de rendre de fréquentes visites à sa tante, qui vit et travaille en région parisienne depuis très longtemps. C'est d'ailleurs chez elle que Samia sera très naturellement hébergée. « Je n'ai pas eu de frayeur en décidant de venir. Je savais déjà chez qui j'allais. J'étais à l'aise. »

Dans les premiers temps de son installation en France, Samia fait quotidiennement le dur apprentissage de ce qu'est la différence entre un projet et sa réalisation. « Le lendemain de mon arrivée, je me suis retrouvée dans le métro, et à moi de me débrouiller. J'ai eu une bonne leçon ! Je suis restée une heure à la station Nation pour trouver la ligne qui conduisait à Daumesnil. J'ai flippé. »

La jeune fille pense s'orienter vers l'esthétique. Elle aime faire des massages pour rendre belles les autres femmes. Sa tante lui indique une école qui forme par alternance : moitié en classe, moitié en entreprise. Elle remplit un questionnaire, pleine d'espoir. Mais son visa de tourisme ne convient pas. En effet, il n'autorise pas la signature d'un contrat d'alternance avec un employeur. Or sans cela, pas d'école. C'est la règle, même de l'apprentissage, en France. Ainsi, la jeune fille, venue inventer sa deuxième vie, se transforme en une vulgaire sans-papiers.

À toute chose malheur est bon. Samia a bien compris, cependant, que sa situation de clandestine ne posait problème que pour la réglementation du travail, mais pas du tout pour celle de l'Éducation nationale. Alors, elle cherche une école qui ne lui opposerait plus le droit prud'homal. Elle traduit de l'arabe ses bulletins de notes et se rend au rectorat. Mais les grosses voix des hygiaphones lui font savoir qu'il faut d'abord passer par la préfecture de police, pour proroger son visa de séjour de trois mois. Un guichet en cache toujours un autre. À la préfecture, c'est le cauchemar. « Là, le gars derrière son guichet ne m'a même pas vue. Quand j'ai dit que j'étais algérienne, il a dit : "Il faut qu'elle retourne chez elle." »

Fillette, Samia ne connaissait pas un mot d'arabe. À la maison, on parlait l'espagnol ou le français, depuis des générations. À six ans et demi, elle est entrée à l'école primaire où elle a obtenu de bonnes notes qui la situaient toujours en tête de classe. Au collège, même réussite. Au lycée, elle s'épanouit, entourée de ses copines, choyée par une famille heureuse. « Quand j'ai quitté l'Algérie, j'allais passer en terminale. Quitter l'école m'a fait un peu peur. Mais le niveau du lycée n'était pas vraiment costaud. Dans ma classe, nous n'étions que trois filles qui lisaient, faisaient des commentaires de textes. Les autres ne connaissaient aucune œuvre littéraire. Au lycée, on ne connaissait ni Victor Hugo, ni Jean Giono, ni aucun de tous ces grands auteurs européens. Moi, j'avais de la chance car il y avait une tonne de livres français dans notre maison de campagne. Tout est arabisé aujourd'hui. Ma mère a dû s'y mettre avec mes petites sœurs. On n'a pas le droit de parler français. Les gens, là-bas, ne se posent pas de questions. Vous ne verrez jamais un jeune avec un livre, alors que certains vendraient leur mère pour une paire de baskets à la mode. Et puis, les enfants travaillent. Je me souviens avoir vu, au retour d'un mariage, à 4 heures du matin, des enfants partir vers un village voisin pour aller vendre un chariot de figues de Barbarie, ça m'a beaucoup choquée. Voilà pourquoi, quand je regardais autour de moi, je voyais que je n'avais pas d'avenir. »

L'envie d'apprendre

Comment survivre dans un pays où Samia s'est convaincue que le destin des jeunes filles était tout tracé ? Le mariage, les enfants, la maison, tout de suite et exclusivement, elle n'en voulait pas, tout en se culpabilisant de se sentir en porte-à-faux dans son propre pays. Pour se justifier, elle s'est mise à noircir le tableau : « En Algérie, tout est moins bien qu'en France. » En anglais, comme dans bien d'autres disciplines, elle affirme que le niveau de son lycée arrivait à peine à celui d'un collège français. « Les profs ne sont pas assez cultivés là-bas. Ils ne nous incitent pas à lire, c'est décevant. À Jean-Lurçat, au contraire, mon équipe de profs fait, tout à la fois, rattraper le retard scolaire et intégrer le nouveau programme, sans parler des stages qui sont proposés. »

Samia suit le cursus « La ville pour école », pour se mettre au niveau d'une première en Sciences et techniques du tertiaire. Parallèlement à ses études, elle doit travailler pour subvenir à ses besoins. L'année du bac, malgré trois bonnes notes en informatique, en anglais et en espagnol, elle échoue à l'examen. Les enseignants lui conseillent alors de se consacrer plus efficacement à ses études et lui proposent une inscription dans la classe du « Temps choisi », un autre programme de Jean-Lurçat. Le mardi, pour gagner un peu d'argent, Samia fait du baby-sitting. Évidemment, l'essentiel est ailleurs. Il est dans le bonheur retrouvé d'apprendre, de lire, de profiter du temps libre pour courir les expositions et s'enrichir d'une culture de nouveau rendue accessible.

Samia renaît dans l'euphorie, mais chaque jour qui passe lui fait prendre conscience de sa fragilité.

« Je me dis : tu as une chance, ne la laisse pas passer. J'ai commencé à lire beaucoup en français, mais j'ai encore des lacunes. Mon premier livre, ce fut *Une vie* de Maupassant. Puis j'ai lu *Premier Amour*, de Tourgueniev, quatre ans après l'avoir lu en arabe ! Avant, mon esprit était limité. Maintenant, je me pose beaucoup de questions. Moi qui n'aimais pas la philo, je me suis mise à l'adorer. J'ai eu une bonne note l'autre jour, cela m'a beaucoup encouragée. J'aime également l'histoire. Je me suis plongée dans la France de Vichy. Depuis deux ans que je suis ici, j'ai tout fait. J'ai passé l'épreuve de lettres du bac, au bout de six mois ! Personne ne ferait ça dans un autre lycée. Au "Temps choisi", les élèves et les enseignants sont proches. Un prof est venu, un matin, avant l'heure, pour aider une élève à préparer ses cours sur l'ordinateur du lycée. Malgré ça, le bac me fait peur. L'année dernière, j'ai travaillé comme une déchaînée et je ne l'ai pas eu. J'étais trop stressée, même si j'ai eu de bons contacts avec les examinateurs lors des épreuves orales. Cette année, j'ai bien cerné les méthodes de travail. J'ai appris à ne pas me disperser, à mettre mes idées en ordre pour aborder les sujets. C'est le lycée qui m'a donné ces outils. »

Au gré des calamités qui s'abattent sur le monde, Paris reçoit, par vagues, des expulsés, des pourchassés, des malheureux qui, une fois apaisés, retrouvent une vie normale ou le chemin de l'école, pour les plus jeunes. Samia n'a pas revu sa famille depuis presque trois ans. Sa mère fond en larmes quand elle l'appelle au téléphone, mais elle l'encourage sans relâche. Après cette tempête viendra le beau temps. En attendant, le plus dur, c'est la solitude au milieu des autres, car Samia ne peut pas les encombrer de ses propres problèmes. Au lycée, elle ne s'est fait que deux amies. Elle se sent loin des élèves de sa classe. Elle les comprend mal. « Ils ont tout et ils ne le savent pas. Quand j'aurai mon bac et mes papiers, je m'occuperai de ma famille. Je voudrais que mes petites sœurs aient le goût d'apprendre. »

Ce qui donne du courage à Samia, c'est que le programme scolaire a été ajusté à ses besoins, sans l'obliger à devenir un cas à part, quelqu'un que tout le monde regarderait comme une bête curieuse. Si elle avait suivi le système orthodoxe d'accès à un établissement, il est fort possible qu'elle aurait été tenue d'accomplir un stage d'orientation en vue d'intégrer une classe de troisième à finalité professionnelle. Elle se serait retrouvée avec des ados nettement plus jeunes qu'elle et probablement en train de vivre une rupture grave dans leur vie et dans leurs études. Il y a de nombreuses objections à opposer à l'histoire de

Samia, pour peu que l'on fasse passer l'intérêt des institutions avant la liberté individuelle. Pourquoi faire préparer le bac à une fille de vingt ans quand d'autres, au même âge, entrent déjà dans une Grande École ? Ne serait-il pas plus raisonnable de la diriger vers une formation rapide dans des branches en manque de main-d'œuvre ? L'école ne sort-elle pas de son rôle, en servant de vecteur à l'immigration ?

La réponse sera métaphorique : pas plus qu'un hôpital, à l'arrivée d'un patient, ne se demande s'il doit le soigner, un lycée ne doit se demander s'il doit donner un enseignement à celui qui veut apprendre. Il n'appartient pas au médecin de vérifier la situation administrative ou fiscale d'un malade ni de nier l'expression d'un symptôme. Il n'est pas acceptable qu'un lycée se substitue à la police des frontières ou se livre à une intrusion dans la vie privée des candidats pour invalider leur désir d'étudier. À Jean-Lurçat, ce sont les professeurs en personne qui vérifient s'ils ont la capacité de prendre en charge un élève pour un parcours personnalisé. Le schéma habituel d'un recrutement sur papier se renverse. Samia n'a pas subi d'inquisition. Au contraire, les profs se sont questionnés tout autant sur leurs compétences que sur les siennes. Ce doute est une force pour une équipe d'adultes toujours prêts à trouver des solutions pour des élèves que toutes les autres écoles rejettent. Les situations faciles n'arrivent jamais aux portes de mon lycée. Dans sa quête, Samia s'est retrouvée prise en tenaille entre le charivari des établissements de base qui l'envoyaient paître et l'ostracisme de l'administration académique, prompte à régler avec talent les situations standard. La petite Algérienne ne valait pas une inscription, bien que la situation de l'Algérie ne laisse pas insensibles tous les décideurs du microcosme scolaire.

Le passage au lycée Jean-Lurçat n'est qu'anecdotique dans la vie de Samia. Son expérience d'élève en France ne modifie pas le sort de jeunes filles comme elle. Pourtant une scolarisation de cette nature n'est pas neutre. Tout le monde comprend bien qu'il ne s'agit pas d'une question de pédagogie ou de taux de réussite au bac ; il est question de la générosité de l'école publique et de l'humanisme de la République. Quand un être humain manifeste l'envie d'apprendre, qu'il le fasse savoir d'au-delà des mers ou de la pièce d'à côté, il n'y a que deux sortes d'écoles face à lui : l'une sourde et l'autre pas.

Des parcours personnalisés

Pour les profs des « classes de rêve », les jeunes bannis par tant d'autres établissements restent intrinsèquement de vrais élèves et poursuivront des études dans des conditions qui honorent l'école et ses maîtres. L'honneur en question n'est pas une vieillerie, c'est plutôt une effervescence de la pensée, une pédagogie en mouvement. Les questions qu'il pose à l'école standard sont innombrables. Toutes n'exigent pas une réponse, mais chacune alimente une disposition d'esprit, pour que tout élève trouve son compte en classe. Voici quelques-unes de ces interrogations : est-ce que les élèves peuvent apprendre quelque chose à leur professeur ou sait-il déjà tout ? Peut-il vérifier ce que ses élèves savent, sans les mettre en difficulté ? Un prof sait-il que les élèves apprendront toujours quelque chose même si leurs performances demeurent très loin des exigences officielles ? Peut-on donner envie d'apprendre si l'on n'a pas envie d'enseigner ? Quand les élèves sont insupportables, un prof est-il prêt à se demander s'il est lui-même supportable ? Parler, est-ce enseigner ? Les questions d'un professeur attendent-elles sincèrement des réponses ?

Dans le clan des détracteurs de l'école généreuse, certains béotiens rêvent de mettre au travail une part de la jeunesse, par la pénitence. Ils proposent une discipline dure, un enseignement ardu et des notations sans indulgence. L'arrière-pensée est limpide : il faut sauver les apparences. L'école doit faire semblant de récupérer les jeunes laissés au bord de la route mais ne rien lâcher sur l'obligation de cursus et de performance. C'est cette idéologie qui pousse les familles vers les officines de l'enseignement privé hors contrat, dont il est si difficile de sortir ensuite car l'examen de retour à l'Éducation nationale fait appel à des capacités si élevées que les élèves sont éreintés. L'école préfère sa cohérence à sa mission. Si on privilégie les dossiers nickel, les textes appliqués à la lettre et les statistiques en ordre, il faut refuser certains élèves. Au contraire, s'il s'agit avant tout de scolariser, l'intendance suivra. Si les responsables de l'école ne peuvent pas changer la réalité avec leurs directives, il leur reste à changer de directives pour tenir compte de la réalité.

Le problème des élèves sans bahut ne peut pas s'enliser dans l'exégèse des circulaires. Si Samia avait dû intégrer un cursus standard, l'inadéquation entre la scolarité algérienne et les cycles français l'aurait éliminée immédiatement, parce que sa langue d'acquisition scolaire était l'arabe. Le lycée Jean-Lurçat démontre, chaque jour, qu'en débureaucratisant l'administration scolaire, on rend l'enseignement accessible à tous. Cette empathie ne transforme pas les cours en colonie de vacances, au contraire. Les adolescents qui, comme Samia, ont tant désiré étudier, recherchent de vrais moments d'instruction, dans la dignité et l'exigence. Mieux, on sent en eux la jubilation d'apprendre.

8

Florent le rebelle

« J'ai la rage contre l'autorité »

Florent joue son rôle de rebelle. Mais il n'y a pas de fumée sans feu, c'est un écorché. Il critique tout et considère que l'ordre établi est une abomination. Fils de prof, il se dresse contre l'école, défiant toutes les statistiques puisque d'habitude les enfants d'enseignants réussissent dans les filières les plus nobles et les plus ardues. Les sociologistes purs et durs devront expliquer ce couac dans les règles pourtant bien établies de la reproduction sociale.

Florent serait-il exceptionnel ? Singulier au moins, vu l'importance de son déclin ; étonnant, aussi, dans cette rage qu'il a déployée contre ses parents ; incroyable enfin, à en juger par son absence de lucidité sur lui-même. Il exècre les adultes qui lui tiennent la bride trop serrée mais, si on le lâche, il ne se sert pas de son autonomie pour construire un avenir. À croire qu'il ne se sent bien qu'en opposition. C'est un anti-tout, peut-être parce qu'il redoute de ne rien réussir, l'école et son entourage l'ayant parfois pris pour un moins que rien. L'occupation principale d'un adolescent de cette trempe-là, c'est d'être rugueux. Même s'il manifeste du bout des lèvres le désir de revenir à l'école, c'est en signifiant qu'il n'est pas dupe. Pour lui, les études ne sont rien en elles-mêmes, elles ne satisfont pas le besoin d'apprendre, ne préparent pas à un débouché professionnel, tout au plus donneront-elles à Florent l'occasion de dénigrer le monde entier. Il n'empêche que Florent a intégré son personnage de décrocheur. Il ne paraît pas en souffrir. Mieux, il le revendique. C'est sa manière de se rebeller également contre une image de victime qu'on pourrait lui coller. Il ne veut rien devoir aux profs, pas même son échec scolaire. Du coup, il en endosse toute la responsabilité : « C'est de ma faute », dit-il.

Florent est un grand gaillard de dix-neuf ans, cool, avec son clope, ses boucles brunes et son sourire séducteur. S'il en est là, après avoir tenté une formation en électronique, c'est, explique-t-il, parce que l'autorité des profs est insupportable. « J'ai la rage contre eux. Il ne faut pas chercher des explications trop tordues et psychologisantes, des brimades de mes anciens profs ou bien le métier de ma mère, professeur d'histoire et géographie. Non, c'est aussi de ma faute, tout cela », répète Florent sans tirer encore toutes les conclusions de cette assertion.

Face à un tel caractère, le risque est la dégradation caractérielle. Il n'est pas rare que de très jeunes enfants en fassent voir aux adultes lors de phases négatives que l'on surmonte avec un peu de patience et un soupçon de fermeté. Mais l'adolescent peut donner dans un nihilisme dévastateur qui ne se règle plus avec des petites astuces et beaucoup d'affection. Il est en effet plus facile de juguler la contestation d'un gamin qui croit encore au père Noël que de négocier avec un galapiat complètement anar. Florent déteste la discipline, quelle qu'elle soit. Inscrit, pendant toute son enfance, dans d'innombrables cours de judo et autres arts martiaux, il n'a jamais supporté, voire compris, les règles de l'entraînement. Le rabâchage, en classe comme sur les tatamis, ce n'était pas son truc. « Pas structuré », avait assené, devant ses parents, un jeune maître stagiaire de son école maternelle. Plus compliqué, évidemment. Mais quand il résume sa scolarité, Florent, qui cherche parfois un peu ses mots, trouve les choses assez simples.

« À la maternelle, déjà, la maîtresse me donnait des fessées. Le seul souvenir que j'ai, c'est que je faisais de la peinture et que je jouais avec des pneus dans la cour. J'étais un petit qui faisait des conneries. Je suis toujours passé juste, d'une classe à l'autre. Je n'ai jamais beaucoup travaillé. On me disait tout le temps : "Ça va être dur pour la suite." »

Au collège, Florent s'est « bien marré ». Rien de méchant, insiste-t-il. Mais il s'est amusé. Et, selon l'une de ses expressions favorites, il a « encore un peu décliné ». En cinquième, il a fallu faire appel pour passer. En quatrième, Florent redouble. « J'étais dans une bonne classe, avec allemand en première langue vivante, pourtant ! Mais j'ai commencé à en avoir marre de l'école. » Florent traduit cette idée : « J'hésite, je recule comme pour préparer un saut, je ne me lance jamais. Chez moi, je regarde mon sac et je me dis que je pourrais travailler. Je ne le fais pas. J'ai jamais taffé. J'ai toujours été limite. Depuis la cinquième, je n'ouvre même pas mon sac en cours. Parfois j'ai un petit remords, mais je ne suis pas mal dans ma peau. C'est dur à rattraper le temps perdu, mais je n'ai pas encore vingt ans. En plus, pour moi, le vrai travail, c'est gagner sa vie et pas venir à l'école. »

Malgré son air blasé, presque endurci, Florent admet à mi-mots que ses longs mois de décrochage ne l'ont pas laissé de marbre. Il décrit une oisiveté qui ressemble plus à un pensum qu'à une partie de plaisir : « J'ai un peu travaillé. J'ai glandé. Je me levais à midi. J'allais manger avec des potes. Voilà, il y avait la journée de libre. C'était le farniente. Je dormais de 3 heures du matin à midi. J'avais tout arrêté. Avant, au collège, je faisais du basket, j'ai fait aussi du violon puis de la guitare, pendant onze ans, avant de tout arrêter : c'était une démotivation générale. Si j'avais été tout seul, j'aurais pété les plombs. Quand je suis tout seul, je tourne en rond. Heureusement, j'avais une copine et des potes. Même moi, au bout d'un moment, je me suis dit : "Si tu peux te motiver tout de suite, fais-le." »

La mère de Florent enseigne dans un lycée, Florent ne la voit pas comme une prof. Et il ne pense pas que ses problèmes aient un rapport avec ce métier. Sur la période récente, une certaine connivence est même née entre eux. « Florent me donne des tuyaux ! » s'étonne Élisabeth, qui, après de longues années de carrière, ne cache pas son dépit et ses doutes devant l'attitude de plus en plus ascolaire de ses élèves. « Ils ne sont plus structurés psychiquement, analyse-t-elle. Ils m'apparaissent comme des enfants en détresse, qui ne savent plus comment se faire remarquer. Ils ne respectent plus l'autorité. »

Les élèves d'Élisabeth n'arrêtent pas, selon elle, de confondre ce qui relève du cours et du reste de leur existence. Ils mélangent constamment les activités scolaires avec les rapports de forces entre coteries d'ados, les codes réactionnaires liés à leur environnement social ou plus simplement le théâtralisme d'un meneur, rendu hystérique par la perte d'une prérogative de bande. Certains de ses élèves ont brandi des pancartes en pleine classe, comme le font les participants du jeu télévisé « Le maillon faible » pour éliminer un candidat. En l'occurrence, c'est le prof qu'ils voulaient sortir. Blessant pour Élisabeth.

Fils de prof

Florent compatit. « Quand elle me dit : "Mes élèves sont comme toi", je ne peux que répliquer que c'est normal, ajoute-t-il. C'est un fait de société, une façon d'être de tout le monde, dans une classe. » Ces analyses quelque peu ampoulées n'ont qu'un objectif : Florent tient à bien séparer le métier d'Élisabeth de son rôle de mère. Il se livre même à un petit bilan espiègle : « Le seul truc de prof de ma mère, c'est qu'elle ne tolère pas les absences et les retards. Dans ma scolarité, je n'ai jamais été malade. » Florent sait-il ce que son décrochage a comme effet sur sa mère ? « Si elle a des élèves comme moi, ça ne doit pas être facile. Elle qui aimait bien enseigner, elle est de plus en plus dégoûtée, elle ne comprend plus. »

Florent l'indiscipliné se décrit « entouré de profs ». Sa sœur, qui travaille dans l'édition, a bien failli être prof, après avoir tenté le CAPES et l'agrégation de philosophie. « Elle n'a pas du tout le même caractère que moi. Rien que du point de vue des études, elle taffe et elle aime ça. Elle a fait hypokhâgne et khâgne, puis la fac. Elle a neuf ans de plus que moi, on n'est pas pareils. On n'est pas de la même génération. L'atmosphère était plus au travail quand elle était au lycée. La plupart des élèves de sa génération sont arrivés quelque part. » Ce n'est pas tout. Les parents de sa copine aussi sont profs.

Généralement, les enfants d'enseignants réussissent à l'école car leurs parents les préservent des imperfections notoires du système. Ils les font bénéficier de la meilleure équipe pédagogique. Ils limitent les dégâts en pointant du doigt les matières essentielles et les options juteuses, même s'ils racontent en public que toutes les disciplines sont importantes. Il ne s'agit même pas d'un délit d'initié puisqu'il n'y a pas de méfait. Dans le fond, ce type de piston n'est pas plus critiquable que la gratuité des transports pour les familles d'employés de la SNCF ou les avantages calorifiques de ceux du Gaz, sans compter les entreprises qui donnent une priorité d'embauche aux enfants de leur personnel. Le fait que les « parenseignants » chouchoutent le cursus de leurs rejetons, en leur fournissant le décodeur de l'école, est un usage exonéré de toute culpabilité. D'ailleurs les autres milieux, notamment les journalistes et les politiciens, ne s'acharnent pas contre ces pratiques et préfèrent pouvoir en bénéficier eux-mêmes.

Les professeurs ne sont pas des parents d'élèves faciles. Dans l'école de leur enfant, selon les circonstances, ils sortent leurs expertises, exhument des textes officiels, annoncent leur grande connaissance du terrain et tranchent à vif dans la pédagogie des profs de leurs enfants. Les maîtres savent bien qu'un enfant de prof dans une classe crée des problèmes : ses copies sont analysées à la maison, le barème des corrections épluché, l'adéquation des cours au programme espionnée, les appréciations du bulletin radiographiées, et *in fine*, s'il le faut, un entretien critique est exigé. Un prof qui enseigne face à des enfants de collègues a intérêt à être très bon ou très inconscient. Sinon il sera laminé et se fera dicter tout à la fois le contenu de ses cours, le calendrier des devoirs et la moyenne de classe. Les enseignants, traditionnellement si libertaires au sujet de leur propre travail, deviennent des despotes dès qu'ils se situent comme parents. Alors que leur solidarité corporative leur interdit d'admettre une défaillance chez un collègue, dans leur rôle de procréateur, ils dressent sans vergogne l'inventaire interminable des carences des professeurs de leurs enfants.

Malgré la pression, voire l'inquisition des « parenseignants » sur les profs de leur enfant, il peut y avoir échec. Il sera plus dur que pour un élève ordinaire. En raison du contexte familial, mais aussi à cause d'une ambiance implicite de revanche jubilatoire : tout le monde se moque des difficultés scolaires d'un enfant de prof. Et tout un chacun y va de son ironie ou de sa méchanceté. Les cordonniers sont toujours les plus mal chaussés. Nul n'est prophète en son pays. À père avare fils prodigue… La défaillance d'un enfant apparaît comme une revanche, une forme d'égalité qui prouve bien qu'il y a tout de même une justice en ce bas monde scolaire.

La protection qu'un « parenseignant » organise autour de son enfant n'est jamais totalement efficace en raison même de l'organisation complexe et très bureaucratisée du système éducatif français. Un prof ne dispose pas de passe-droits illimités car l'Éducation nationale est constituée de cercles et de lobbies sans liens entre eux et parfois même rivaux jusqu'à l'hostilité. Si un professeur des écoles parvient assez facilement à choisir la maternelle et le primaire de ses enfants, il se heurtera au mur du collège. Et ainsi de suite… Les professeurs de collège n'ont que peu de poids pour suivre leurs enfants en lycée et les enseignants de lycée deviennent impuissants dès que leurs enfants postulent en classe préparatoire. Mais, en arrière-fond, se joue une guerre éducative dont l'enjeu est plus sérieux que le clivage anecdotique entre les fonctionnaires spécialisés de tel ou tel secteur de l'instruction publique. Quand un enfant de prof sabote les méthodes d'un collègue de ses parents, c'est un agent double inconscient qui provoque une agit-prop, sans le savoir, contre une conception de l'école qui n'est pas celle de sa famille. Ce sont les otages enjoués des querelles de professionnels de la pédagogie.

Florent peut-il être autre chose qu'un rebelle dans l'école ? Les « parenseignants » élèvent souvent leurs enfants dans les sarcasmes, les critiques et la suspicion à l'encontre du système éducatif et de ses divers acteurs. Il n'est pour s'en convaincre qu'à demander à deux élèves ce qu'ils pensent du rôle des inspecteurs. L'enfant de prof soutiendra qu'ils ne servent à rien mais qu'il faut s'en méfier tout de même. L'autre enfant pensera qu'ils viennent surveiller les enseignants et mettre les plus mauvais sur la touche.

Le décrochage scolaire : une honte pour toute la famille

Florent affirme se connaître. L'important, désormais, est qu'il sait qu'il doit prendre sur lui pour avancer sans se cogner aux murs. « Avec mes parents, plus jeune, j'étais nerveux, je cassais des trucs. Je ne suis pas du genre à attendre, plutôt à foncer. Je me suis toujours battu avec les autres. » Une confidence lourde de drames et de larmes familiales.

Son père, qui travaille comme chef d'équipe dans une entreprise de télécommunication, est lui aussi revenu de loin, après une longue période de dépression et de chômage. Florent a vécu des moments difficiles, expliquent aujourd'hui ses parents, mais il n'a jamais aimé dire les choses qui pèsent. « Depuis toujours, il a été notre baromètre », explique son père. Son fils était un ultrasensible. « Il ressentait tout très fort, et même physiquement. Il était aussi très anxieux, et capable de ne pas dormir, la veille d'un départ en classe de neige. »

Florent fut un enfant roi. « On le traitait comme un dieu, il faut bien le dire », mais il en profitait pour instaurer un abus de pouvoir. Si les portes et les chaises ont volé dans l'appartement, le couple, lui aussi, a pris des coups, jusqu'à s'adresser à un juge pour enfants pour qu'il modère leur fils. Les rendez-vous n'ont pas eu la fréquence souhaitée, mais les mesures éducatives ont eu un effet positif. « Elles lui ont montré que nous n'étions pas ses ennemis et que la loi existait, assure Élisabeth. Il s'agissait ni de le désinvestir, ni de le traiter en ennemi. »

Tandis que la violence s'installe à la maison, Florent rejoint la cohorte des décrocheurs. Lui qui ne racontait jamais à la maison ce qui se passait à l'école s'est définitivement muré. Élisabeth se souvient du regard des proches qui pesait, comme si la famille était victime d'une maladie honteuse. « Cette situation ne résonnait avec rien en moi. Je n'ai toujours pas compris qu'on puisse ne plus croire en rien, décrocher de la sorte. Cette inertie qu'il avait… À certains moments, le sortir du lit, c'était le tuer. J'ai eu peur du suicide ou peur qu'il se drogue. Je me demandais ce qu'il allait devenir. » Dans ces moments, il ne faut surtout pas « désaimer » son enfant, affirme avec courage Élisabeth. La famille et les grands-parents notamment peuvent jouer un rôle essentiel, eux qui montrent que le clan ne perd pas totalement confiance dans son rejeton. Les parents de Florent ont pu vérifier son attachement très fort à son grand-père, ancien déporté, autodidacte devenu le second de Le Corbusier, et pour qui compte d'abord la vie, loin devant la réussite par le diplôme…

Prompt à pousser les adultes dans leurs derniers retranchements, dans la quête éperdue de celui qui saurait prendre sa place en face de lui sans pour autant exercer un pouvoir, Florent n'a pas été un élève facile. « J'ai toujours râlé. Je suis le genre de type à répondre, à essayer d'énerver le prof, à le pousser dans ses limites. J'étais un petit con. » En seconde, il découvre l'absentéisme et le cannabis. Il est inscrit au lycée où enseigne sa mère. « Je connaissais pas mal d'autres profs, de ses amis ou collègues. Il fallait que je me tienne à carreau ! Mais là-bas, c'était Amsterdam ! J'ai trop fumé. Tout le temps, partout. Entre chaque cours, on fumait. À la fin du mois de janvier, j'ai arrêté le lycée. J'étais bien parti pour galérer jusqu'à la fin de l'année. »

Florent n'établit pas non plus de lien direct entre son décrochage scolaire et le fait de consommer du cannabis, sans doute parce que ce n'est pas le produit qui est en cause mais le rituel. Un nouvel investissement des études est à portée de main et, s'il n'est pas évident, ce n'est pas à cause des effets cliniques de la fumette, mais à cause d'une certaine disposition d'esprit qui conduit Florent à avoir besoin d'une conduite de transgression. La question, pour les professeurs qui sont prêts à le recruter, ne se pose pas en termes de contamination d'une classe au cas où le consommateur se ferait dealer. En effet, au cœur de Paris, à l'âge d'aller au lycée, les jeunes sont parfaitement avertis des produits qui circulent, et deviennent ou ne deviennent pas consommateurs. Le véritable enjeu reste lié à la capacité de Florent à transférer son goût pour la profanation permanente des interdits de la sphère exhibitionniste militante au domaine intime et, dans le même mouvement, à retourner le désir de mal faire en énergie pour faire quelque chose en faveur de ses études.

Face à cette problématique, Florent oppose une parade tout à fait dans le ton d'un ado d'une sagacité imparable : « Certains de mes copains ne fument pas et sont des décrocheurs scolaires ; d'autres fument et suivent des études de médecine… » Les pétards ? Pas de rapport avec l'abandon du lycée, s'est convaincu Florent. « Ce qui est clair, c'est que ça fume partout, et plus ouvertement qu'avant. Moi, je suis plutôt anxieux de la dépendance. Il arrive un moment où ça ne fait plus tourner la tête. Avant de partir quinze jours en voyage à New York avec mes parents, pendant les vacances de Pâques, j'avais de l'appréhension. Mais ça s'est bien passé. Là-bas, on s'occupait toute la journée. Ça m'a rassuré de ne pas avoir de dépendance. Au retour, à Paris, j'ai repris tout de suite. Mais c'est différent. C'est lié à l'habitude. On ne recherche pas la défonce. C'est une cigarette conviviale. On s'est créé un univers avec mes copains et ma copine. Si on décide d'arrêter, il faudra le faire tous ensemble ! On en parle. »

L'usage de végétaux illicites ne transforme pas Florent en baba cool. La violence reste son mode de régulation. Durant sa première année de lycée, il raconte : « J'étais en mauvais termes avec une professeure de physique. Pendant une demi-heure, elle engueulait les gens, elle faisait la morale. C'était notre prof principale, elle pensait qu'il était de son devoir de le faire. Une fois, elle a commencé à me soûler. Je lui ai répondu. J'ai voulu me tirer. Elle bloquait la porte. Quand je suis passé, elle a été bousculée. Elle a dit, par la suite, que je l'avais frappée. J'ai failli passer en conseil de discipline. »

Chacun à sa place et dans son rôle, pense Florent. Un professeur de physique n'a, d'après lui, aucune légitimité à faire un cours de morale et quiconque s'avise de dépasser le cadre qui lui est imparti sera traité de même. Les parents inscrivent Florent dans un établissement privé. Il n'y restera qu'une semaine. Élisabeth se démène pour trouver une nouvelle solution. Florent est finalement accepté dans un lycée public. « Mais je n'en ai pas profité. Je me suis retrouvé dans une classe où il y avait uniquement des petites pétasses et des pipelettes. Au bout de deux demi-journées, je suis parti. »

La contrainte acceptée

À la rentrée 2001, après plusieurs changements d'établissement, une énième tentative mobilise la famille : le lycée autogéré de Paris, un établissement qui laisse une grande responsabilité aux élèves et les engage à mettre la main à la pâte pour organiser la vie quotidienne, du ménage à la gestion administrative. Florent n'y passe que trois jours. Il a trop de lacunes et n'est pas motivé.

Le lycée Jean-Lurçat l'accepte dans le programme du « lycée intégral ». « Ça a été la meilleure année scolaire de ma vie. Ce type de lycée aide à trouver ce qu'on veut faire et, du point de vue scolaire, ils nous ont maintenus au niveau. »

Florent est sur la voie d'un nouvel intérêt pour la vie, le monde, les études. D'abord, il se constitue une nouvelle bande de copains. Un cercle beaucoup plus fréquentable aux yeux de ses parents que les précédents, peuplés de jeunes sous protection judiciaire et d'apprentis délinquants qui inquiétaient Élisabeth. Ensuite, le lycée Jean-Lurçat définit avec Florent un projet, même si ce n'est pas chose aisée. « Il prend déjà un peu d'avance par rapport au rêve qu'il avait fait », explique avec satisfaction son père.

« Quand je suis arrivé, ils m'ont demandé quel était mon projet. J'ai fait deux stages. J'aimerais bien devenir ingénieur du son. J'ai repéré une école qui prend les élèves avec un BEP d'électronique : elle forme en trois ans. Mais elle coûte 30 000 francs par an. Il existe une autre école, plus renommée, mais elle recrute au niveau bac. J'ai trouvé aussi une formation, qui, en six mois, permet d'être assistant de production, sans le bac. Si je peux, je la ferai. Sinon je commencerai à travailler. »

Florent, après un an à Jean-Lurçat, a donc commencé un BEP. L'équipe enseignante l'encourage. Il a besoin de soutien. « Il faut que je travaille l'électronique. C'est la matière principale. C'est dur et mon niveau n'est pas fameux. Pourtant, je n'ai qu'une seule note en dessous de la moyenne. Le BEP, ça me tracasse. Je pense l'avoir, mais il ne débouche pas sur grand-chose au niveau boulot : on peut uniquement travailler dans l'installation d'alarmes. Il faudrait que je puisse aller plus loin. »

« Le lycée Jean-Lurçat a apporté à Florent une maturité, un sens des responsabilités et de la contrainte acceptée. Il a trouvé là, explique sa mère, des adultes qui l'ont considéré comme une personne. En outre, l'équipe des profs a réussi à lui montrer le sens de la règle, à le réinstaller dans un rythme de travail tout en lui laissant une petite marge de liberté. »

Quand il a obtenu, pour la première fois, un job d'été de vendeur de glaces à la tour Eiffel, les parents de Florent étaient persuadés qu'il n'irait pas au travail. Mais l'expérience s'est bien déroulée. « Ce petit boulot lui a montré ce que c'était de ne pas avoir fait d'études et d'avoir un boulot de merde, juge son père. Il sait qu'il ne peut plus faire n'importe quoi, s'il ne veut pas de ce genre de choses. Il a repris confiance en lui et en l'adulte. Il a commencé à s'ouvrir. Avant, on lui disait qu'après le BEP, il ferait une première, puis un bac. C'était un poids sur lui. Maintenant il se prend en charge. »

Un lycée pas comme les autres

En demandant une place au lycée Jean-Lurçat, les adolescents décrocheurs, comme Florent, règlent plusieurs problèmes à la fois. Souvent, celui qui leur pèse le plus est de n'être inscrit nulle part. La satisfaction de reprendre le chemin de l'école l'emporte d'abord sur l'adhésion aux méthodes. Rares sont ceux qui ont réfléchi à la pédagogie. Tout au plus devinent-ils que c'est plus « cool » ici qu'ailleurs, mais ils ne vont pas plus loin dans leur réflexion. Souvent, un raccrocheur s'est persuadé qu'il trimera pour rattraper le temps perdu et refaire les programmes négligés. Il ne croit pas, *ex abrupto*, au plaisir d'étudier et, quand il parle de sa reprise d'études, c'est pour flatter son ego.

Cependant, au fil du temps, le passif se décante et les nouveaux venus prennent un recul suffisant pour faire une différence entre l'enseignement qu'ils ont subi hier et celui qu'ils acceptent maintenant. Majoritairement, ils pensent qu'ils sont entrés dans un lycée qui n'est pas normal, mais qu'ils y préparent des examens normaux. C'est un projet que leur interdisaient tous les autres établissements, au point de les vider ou de les pousser au décrochage. Bref, d'un côté, il y a les lycées normaux qui leur veulent du mal et de l'autre les sept « classes de rêve » de Jean-Lurçat, où on leur veut du bien.

Les nouveaux élèves s'en remettent rapidement à leur propre expertise sur les enseignants. Naguère, ils en ont fait craquer quelques-uns ou ils furent cassés par d'autres naguère. Quoi qu'il en soit, ils exercent un droit d'inventaire qui tient à l'histoire de leur vie scolaire.

Florent remue ses souvenirs. « J'ai l'impression que ça passe super vite, qu'on ne prend pas le temps de faire les choses. Depuis quelques années, ça s'est accéléré, depuis que j'ai quinze ou seize ans. Je ne me l'explique pas. C'est pourtant le moment où j'ai commencé à m'emmerder à l'école, où j'ai commencé à décliner. On se demande comment on va évoluer. Mais, dans sa tête, on a encore seize ans, le ciné, les fêtes, tout ça, on aime bien ça… »

Il se dit désormais qu'il aimerait travailler un, deux ou trois ans, déjà, pour commencer. Avant, son avenir à l'école avait un sens. Cette fois, il n'en a plus. Un nouveau job d'été l'attend. « J'ai rencontré plein de gens dans des petits boulots, qui, à vingt-trois, vingt-quatre ans, avaient du mal à trouver leur voie ou étaient en formation. Par rapport à eux, je me dis que je ne suis pas en retard. Mais, avec la plupart des gens que je vois autour de moi, on sait très bien qu'on va galérer pour trouver du taf. On est prêts à rien avoir, même pas le bac. Ça va être dur. Je me demande ce que je ferai quand j'aurai quarante ans. Il y a bien un jour où on a envie de se poser. »

Le BEP électronique, Florent n'y croit pas vraiment, ce n'est pas sa tasse de thé. Mais il a trouvé un cadre, des adultes qu'il reconnaît comme tels et en qui il fait confiance. Il a fait sa rentrée sans crise ; il a décidé de rester à l'école. Il ne fait plus ce qu'il veut, comme il le veut. Il se plie à un rythme de vie collectif, et c'est énorme.

Conclusion

Quand les décrocheurs se présentent au lycée Jean-Lurçat, ils ont intégré un préjugé tenace : le bac crée trois catégories d'individus. Ceux qui ne l'ont pas, ceux qui se contentent d'un faux bac (technique ou professionnel), et enfin ceux qui décrocheront un bac « normal » et qui feront partie de l'élite du pays. Ce que les jeunes perçoivent parfaitement aussi, c'est le prestige du bac scientifique. Ils en arrivent même à une superstition qui voudrait que seules les études longues et générales soient normales et utiles. C'est pour cette raison que l'orientation autoritaire dans les filières professionnelles est vécue comme une déchéance.

Les ados justifient leur répulsion, en développant trois arguments. Le premier, c'est le refus d'être des parias car les collèges utilisent l'orientation en lycée professionnel comme une punition. Le deuxième argument dénonce le mensonge ambiant car, contrairement à ce que prétendent certains professeurs, la voie du BEP et du bac pro ne garantit ni de préparer un BTS, ni de trouver un emploi. Et cela quand elle ne laisse pas l'élève en carafe entre le BEP et le bac pro ! Enfin, le troisième argument, constamment mis en avant, vise la crise des lycées professionnels. Tandis que les plus hautes autorités de l'État annoncent qu'ils forment à des métiers, les enseignants qui y exercent parlent d'élèves aux capacités étiques, à la conduite détestable et aux problèmes sociaux accablants.

Ce type d'inventaire crée un trouble dans l'esprit des jeunes auxquels on propose cette filière. Les plus lucides se rétractent, au besoin en se déscolarisant, plutôt que d'accepter une place dans un établissement susceptible de détériorer l'image qu'ils se font d'eux-mêmes. Ce type de décrochage alimente à hauteur d'environ 50 % les effectifs des « classes de rêve » du lycée Jean-Lurçat. Certains poussent la subtilité jusqu'à échouer sciemment, très en amont de l'année d'orientation, afin que leur dossier soit en dessous du niveau requis pour l'enseignement professionnel. La manœuvre est facile à décrypter : un jeune préfère se profiler comme un branleur inclassable plutôt que de risquer d'être pressenti comme un carreleur ou un plâtrier acceptable. Ce faisant, il gagne du temps et peut parfois se voir offrir une solution à son goût.

On ne pense souvent qu'à l'élitisme pour accuser l'école. On oublie que l'ostracisme dont elle fait preuve à l'égard des indésirables est plus redoutable encore. L'épuration commence avec les options, les langues et les filières qui sont interdites à certains jeunes, en fonction de critères empiriques, variables d'une zone à une autre et sur lesquels les enseignants s'accordent volontiers. On commence par vous alléger d'une langue vivante et on finit par vous proposer de devenir frigoriste ! C'est cela la grande injustice, et non pas l'existence de classes préparatoires.

Il faut encourager le retour à la responsabilisation des familles et à la restauration de l'autorité des parents. Les grandes décisions scolaires ne sauraient être confisquées par les fonctionnaires. Pour les choix primordiaux dans la vie d'un élève, à terme, l'école devra tenir compte du père et de la mère. Pour l'instant, l'arbitrage débouche sur de petits arrangements de gré à gré, le zapping entre l'école publique et l'enseignement privé et, *in fine* parfois, le décrochage. Les enjeux scolaires sont trop déterminants pour que les parents n'en soient que les spectateurs ou les pompiers volants. Curieux service public qui sait parfaitement si un élève peut passer ou non en classe supérieure, en faisant fi de l'avis de sa famille, mais qui convoque d'urgence les parents pour qu'ils trouvent, seuls, une solution à l'échec de leur rejeton.

Une kyrielle de personnes physiques et d'institutions se sont intéressées aux cas de Nicolas, Arthur, Béatrice, Basile, Mathias, Samia et Florent. Mais précisément à leur cas, pas à eux. C'est d'ailleurs parce qu'ils n'entraient dans aucun créneau qu'ils se sont retrouvés au lycée Jean-Lurçat. Ils savent parfaitement que ce n'est pas magique, encore qu'ils aimeraient bien. Une cérémonie d'exorcisme dans mon bureau serait suffisante pour remettre les choses en place. Après la galère, il y a toujours une part de désenvoûtement dans le premier contact avec un proviseur.

Il ne s'agit pas d'éteindre en eux l'horreur de l'école, au contraire. Il est plutôt question d'atténuer leur surinvestissement de la scolarité. Nous ne voulons pas que les jeunes soient frappés de cette sale maladie, que les écoles fabriquent, en confondant les notes d'un élève et la valeur personnelle d'un enfant. C'est notre boulot de faire coïncider les contingences scolaires avec une envie d'avenir. Pour cela, le jeune doit garder un grain de folie. La reprise de scolarité ne peut se limiter à offrir des cours de rattrapage en vue d'un débouché rapide dans un travail manuel. Elle doit d'abord redonner une dignité. Mieux. Elle peut ajouter une distinction.

Si les « classes de rêve » du lycée Jean-Lurçat reçoivent, chaque année, sept candidats pour une place, c'est parce que les parents et les jeunes devinent que nous avons sorti l'échec scolaire de la problématique du mauvais élève pour le projeter dans celle de l'adolescent intégral, avec ses capacités et ses faiblesses. Nous avons tordu le cou à la culpabilisation des familles pour faire notre travail, seulement notre travail. Les jeunes doivent tous aller à l'école, le plus longtemps qu'ils le peuvent, qu'ils le veulent et il n'est pas pour nous imaginable de leur fermer la porte. Peu importent les résultats aux examens – ils sont d'ailleurs très honorables –, le plus décisif est dans le futur. Quand Nicolas, Arthur, Béatrice, Basile, Mathias, Samia et Florent auront trente ans, qui saura s'ils ont eu le bac à seize ans ou à vingt-deux ans ? La réussite, c'est qu'ils ne seront pas devenus des adultes aigris, regrettant à vie de n'avoir pas fait d'études et accusant sans cesse la société de les avoir privés d'une chance. Au-delà de leur petite histoire, je pense à leurs enfants. Ils auront des parents ayant apuré leur passif scolaire et ça, c'est un trésor.

Carnet d'adresses

Les sept « classes de rêve » du lycée Jean-Lurçat

« **Le lycée du temps choisi** » est la formule la plus ancienne, il a déjà huit ans. Une centaine de jeunes, en cours du soir ou du jour, préparent les baccalauréats L, ES et STT en optant pour leur propre rythme hebdomadaire de travail et en jouant sur l'étalement du cursus sur une ou deux années, tandis qu'ils peuvent également sélectionner des priorités dans l'éventail des matières. Généralement, les élèves admis ont perdu pied depuis la classe de première.

« **Le lycée intégral** » de son côté reçoit trente-cinq jeunes par année pour une mise à niveau de seconde ou de première, après un décrochage d'environ un an. Ils souhaitent vérifier qu'ils sont susceptibles de poursuivre des études. Ils envisagent parfois une conversion dans la voie professionnelle, du moment qu'ils gardent un droit de retour dans l'enseignement général.

L'opération « ENVOL » (Enseignement par Niveau pour une Voie d'Orientation en Lycée) a la particularité de procéder à trois rentrées par année scolaire (novembre, janvier, avril). Il s'agit de donner l'occasion à tout lycéen qui décroche à n'importe quel moment de reprendre illico des cours et de préparer sans attendre une solution pour l'année suivante. Le but est de ne pas les laisser s'enfoncer dans une lente dépréciation de soi.

« **La ville pour école** » scolarise trente-cinq ados exclus de collèges ou de lycées professionnels. Grâce à un va-et-vient méthodique entre l'école et leur environnement, ils reprennent goût aux études et préparent un débouché dans l'enseignement professionnel, l'apprentissage ou des études standard. Ce système installe l'élève dans une logique d'intégration et de socialisation reposant sur le lien qu'il tisse entre ses professeurs et de nombreux professionnels dans des secteurs comme ceux de l'art, de l'humanitaire, du sport, de la cuisine ou de l'informatique.

La classe « 4 Z » porte un nom qui est un clin d'œil… Elle est destinée aux zigotos, zèbres, zozos et autres zigomars. Quinze ados issus de cinquième sont inscrits dans une pédagogie de proximité qui leur permet d'entreprendre un apprentissage ou un cursus plus conventionnel.

Huit jeunes, qui n'entrent dans aucune des formules, sont admis dans une démarche appelée **« Le lien ».** L'équipe des enseignants leur propose une rescolarisation atypique. Le décrocheur acquiert immédiatement un statut d'élève mais il est dispensé provisoirement de cours en raison de ses difficultés spécifiques. L'établissement sert de plate-forme pour un cumul d'expériences dans divers secteurs, toujours en relation étroite avec un adulte de référence dans le lycée. Le procédé permet une poursuite d'études l'année suivante.

« **Le lycée de la solidarité internationale** », enfin, a ouvert à la rentrée 2002, pour vingt collégiens de quatrième qui resteront deux années dans le même groupe jusqu'à leur entrée en classe de première. Il s'agit d'assurer le passage entre le collège et le lycée. Parallèlement aux cours, les jeunes s'engageront dans des actions dans le tiers-monde et le quart-monde.

Lycée Jean-Lurçat
121, rue de Patay
75013 Paris
Tél. : 01 44 06 77 63
Gilbert Longhi, proviseur

Le ministère de l'Éducation nationale

Le ministère labellise des établissements scolaires innovants ou des structures innovantes intégrées à des collèges et lycées existants. En voici une liste, accompagnée de courts descriptifs. Pour découvrir certaines de ces expériences, on peut lire l'ouvrage de Pascal Bouchard : *Innovation École ! De la maternelle au lycée*, aux Éditions Autrement Frontières.

Micro-lycée de Sénart-Lieusaint
Il met en place un dispositif scolaire de la deuxième chance pour une cinquantaine d'élèves décrocheurs de niveau lycée.
Contact : Éric de Saint-Denis, professeur coordonnateur.
Micro-lycée
77000 Savigny-le-Temple
Tél. : 01 64 88 59 49

Le collège-lycée élitaire pour tous (CLEPT) de Grenoble
Géré par l'association La Bouture, cet établissement propose à une cinquantaine de décrocheurs, âgés de quatorze à vingt-deux ans, de reprendre leurs études.
Contact : Marie-Cécile Bloch et Bernard Gerdre, professeurs et fondateurs de l'association.
Association La Bouture
19, avenue d'Alsace-Lorraine
38000 Grenoble
Tél. : 04 76 51 25 62

Centre d'études et de basket d'Antibes (CEBA)

Fondé par Jean-Claude Casabo, cet établissement propose un enseignement pour anciens décrocheurs fondé sur l'alternance sports-études.

Stade Foch, avenue Lémeray
06600 Antibes
Tél. : 04 93 74 72 74

Collège expérimental du Ronceray

Un collège pionnier fondé par Marie-Danielle Pierrelée, créatrice à Saint-Denis (93) de l'Auto-école, une structure d'accueil pour les jeunes rejetés du système scolaire. Ce collège met en place des groupes de tutorat, des groupes d'apprentissage, des groupes de projets. Il dispense une pédagogie de projet dans les domaines culturels, artistiques, scientifiques, techniques, sociaux.

Contact : Marie-Danielle Pierrelée, principal.
Collège expérimental du Ronceray
72100 Le Mans
Tél. : 02 43 42 04 59

CLISTHENE

Collège-lycée innovateur, socialisant, à taille humaine de l'Éducation nationale. Un nouvel établissement a été prévu pour accueillir cent élèves à partir de la rentrée 2002.

Contact : Jean-François Boulagnon, principal adjoint.
Collège du Grand-Parc
32, boulevard du Président-Wilson
33000 Bordeaux
Tél. : 06 72 62 66 23

Collège expérimental de Brest

Collège créé dans le prolongement d'une école Freinet existante. L'établissement entend respecter les rythmes d'apprentissage, introduire de nouvelles relations entre les partenaires de

la communauté éducative, favoriser de nouveaux emplois du temps et la pratique du tutorat en reposant sur une participation active des parents.
Contact : Jean-Marie Philippe.
Tél. : 02 98 03 16 05

La seconde « Autrement » au lycée Fourcade
Au sein du lycée Marie-Madeleine-Fourcade de Gardanne, trois classes de seconde expérimentales ont été créées, prévoyant la mise en place d'un temps de réflexion, de motivation et de travail personnel. Un contrat-projet d'études est élaboré. Des demi-journées sont centrées sur des activités culturelles. Le temps scolaire est redistribué.
Lycée Marie-Madeleine-Fourcade
Avenue des Aires
13120 Gardanne
Tél. : 04 42 65 90 70

Les lycées autogérés

Ils proposent une pédagogie active fondée sur la participation des élèves à la vie de l'établissement. Ils existent depuis une vingtaine d'années et sont au nombre de trois.

Lycée autogéré de Paris (LAP)
393, rue de Vaugirard
75015 Paris
Tél. : 01 42 50 39 46

Lycée expérimental de-Saint-Nazaire
17, boulevard René-Coty
44600 Saint-Nazaire
Tél. : 02 40 66 78 52

Collège-lycée expérimental d'Hérouville-Saint-Clair
1000, Quart Grand Parc
14200 Hérouville-Saint-Clair
Tél. : 02 31 95 14 79

Les écoles nouvelles

Leur pédagogie est fondée sur l'autodiscipline et l'expérimentation. Ces écoles accueillent des enfants porteurs de handicaps variés.

École Decroly, de la maternelle au collège
49, avenue Daumesnil
94160 Saint-Mandé
Tél. : 01 43 28 31 00

Collège privé La Prairie
1, rue des Néfliers
31000 Toulouse
Tél. : 05 62 26 83 60

Les établissements privés

Tous ne sont pas conçus pour accueillir des décrocheurs, loin s'en faut, mais certains ont développé des expériences pédagogiques innovantes pour les élèves en difficultés.
Pour tous renseignements, s'adresser à la Direction centrale de l'enseignement catholique : 277, rue Saint-Jacques, 75005 Paris.
Tél. : 01 53 73 74 40

Les classes-relais

Au nombre de deux cent cinquante, ces classes sont animées par des instituteurs spécialisés et, dans certains cas, par des éduca-

teurs relevant de la Protection judiciaire de la jeunesse ou des collectivités territoriales.
Elles sont rattachées à des collèges et accueillent des jeunes en rupture, dont certains font l'objet de mesures judiciaires.

Les chambres de commerce et d'industrie (CCI)

Elles offrent des solutions aux élèves décrocheurs, dans des formations qualifiantes très variées, mais sans label de qualité national. Une piste à ne pas négliger.
Assemblée des chambres françaises de commerce et d'industrie (ACFCI)
45, avenue d'Iéna
75016 Paris
Tél. : 01 40 69 37 00

Photocomposition NORD COMPO
59650 Villeneuve-d'Ascq

Achevé d'imprimer en janvier 2003
par l'imprimerie Normandie Roto, à Lonrai
Imprimé en France
Dépôt légal : février 2003
N° d'impression : 03-0042
ISBN : 2 - 84675 - 054 - 8